Colección «La fonte»

XIMO ALBINYANA

Contra viento y marea

Inspirado en el libro de los Hechos de los Apóstoles

Prólogo de
Enrique Benavent Vidal
Arzobispo de Valencia

FONTE
GRUPO EDITORIAL

EDITORIAL
MONTE CARMELO

© 2024 Joaquim Albiñana Gimeno
© 2024 Grupo Editorial Fonte
P. del Empecinado, 1; Apdo. 19 - 09080 - Burgos
Tfno.: 947 25 60 61

www.montecarmelo.com
www.grupoeditorialfonte.com
editorial@grupoeditorialfonte.com

ISBN: 978-84-10023-41-3
Depósito Legal: BU-210-2024

Impresión y encuadernación
Grupo Editorial Fonte - Burgos
Impreso en España. Printed in Spain

Ilustraciones de Eusebio Pastor Rivera García

A Su Eminencia Reverendísima
D. Antonio, Cardenal Cañizares Llovera
de cuya inteligencia y bondad aprendo.

Índice

Si quieres la paz, trabaja por la justicia.
Si quieres la justicia defiende la vida.
Si quieres la vida, abraza la verdad,
la verdad revelada por Dios.

Papa san Juan Pablo II

―――――

Cuando se está ante nuevos e insistentes desafíos,
es un error retroceder hacia un planteamiento pragmático,
limitado a determinar un «terreno común» minimalista
en los contenidos y débil en su efectividad.

Papa Benedicto XVI

―――――

Que todas las acciones e iniciativas políticas estén
al servicio de la fraternidad humana
y no de los intereses partidistas.

Papa Francisco

―――――

Me sedujiste, Señor, y me dejé seducir;
has sido más fuerte que yo y me has podido.

Jeremías 20,7

―――――

Prólogo

Es para mí un honor presentar esta nueva obra poética de Ximo Albinyana inspirada en el libro de los *Hechos de los Após-toles*. No es un libro de exégesis científica. Para mí es el fruto de una lectio divina de este texto del Nuevo Testamento que narra los comienzos de la vida de la Iglesia. El autor se ha acercado a este libro sagrado con una mirada creyente y orante, abriendo su corazón al Espíritu Santo. Este es el único camino para penetrar en el significado de la Sagrada Escritura y captar el mensaje de salvación que Dios nos quiere comunicar porque, como dice el Concilio Vaticano II, la Sagrada Escritura ha de ser leída «con el mismo Espíritu con que fue escrita». Cuando no se lee así, su mensaje se malinterpreta y se deforma. Esto significa que no es posible captar la riqueza de esta recreación poética del libro de los Hechos sin una actitud contemplativa.

Lo primero que me ha llamado la atención es el título de la obra (Contra viento y marea). Me evocó este título el viaje de Pablo a Roma narrado en el capítulo 27 del libro de los Hechos, que Ximo evoca con estos versos: «Para llegar al aspirado destino / hay viento a favor y en contra… momentos en que las olas serán / más altas que el palo mayor / donde la proa enfila el infierno». Esta imagen es también una metáfora de lo que es el caminar de la Iglesia a través de la historia: un viaje en el que «hay tiempo para el suave céfiro / para que sol, luna y estrellas / brillen en el claro firmamento / pero también nubes y tormentas»; un viaje que la Iglesia y cada uno de nosotros estamos llamados a recorrer con la certeza de que «el mar se calmará / despejará el cielo y seguiremos». Es una imagen de la vida de la Iglesia y de cada uno de nosotros.

Pero la Iglesia no tiene únicamente vientos en contra que ella debe vencer con sus propias fuerzas. Ella camina por el mundo empujada por un Viento más fuerte, que es el del Espíritu: «No hay muro que no pueda derribarse / ni frontera que impida viajar al viento / ni océano que no vaya a ser navegado / ni cumbre que no pueda ser coronada […] si el Espíritu de Dios Señor lo quiere». Esa es la gran esperanza de la Iglesia: ella no camina sola, sino guiada y enseñada por el Espíritu que la sostiene y la consuela en sus luchas. En el fondo, la historia de la Iglesia es, sobre todo, la historia de lo que el Espíritu obra a través de ella en el mundo y en el corazón de las personas, abriéndolos a la Gracia de Dios.

El autor nos ayuda a captar el mensaje religioso de este libro inspirado; a preguntarnos cómo estamos viviendo en la Iglesia; a plantearnos si estamos dando testimonio de la fe y cómo lo estamos haciendo; a cuestionarnos nuestras actitudes en las relaciones con los demás cristianos; a interrogarnos sobre nuestra apertura al don de Dios… No hay ninguna cuestión de la vida cristiana o eclesial que no esté, al menos, insinuada en esta obra poética.

Hay otro aspecto que desearía destacar: las vicisitudes y «aventuras» de la Iglesia de ahora no son tan nuevas. No hay ninguna situación actual, tanto de la vida interna de la comunidad cristiana como en lo que se refiere a su relación con el mundo, que no esté reflejada en los Hechos de los Apóstoles. Es en el testimonio de la primitiva Iglesia, en su modo de afrontar los desafíos, en su manera de resolver los problemas con actitudes cristianas, donde debemos aprender constantemente, también en nuestros días, a vivir en la Iglesia para que ella sea presencia viva del Señor Resucitado en nuestro mundo. Todo esto se intuye en esta obra poética de Ximo Albinyana.

Quiero que mis últimas palabras sean de felicitación al autor por el testimonio de eclesialidad que se percibe en todos los poemas del libro y de agradecimiento por el bien que sin duda hará en quienes lo lean.

† Enrique Benavent Vidal, arzobispo de Valencia.
En la celebración de la Octava de Pascua de 2024.

Nota del autor

Este es mi quinto libro inspirado en la Biblia después de *Saetas al corazón sobre los Salmos* (Olé Libros, 2019); *Aceite para el alma* sobre el Evangelio de san Juan (Monte Carmelo, 2021); *La Voz en el silencio* basado en el Génesis (Monte Carmelo, 2022) y *Levántate y ora* sobre el Evangelio de san Lucas (Monte Carmelo 2023). Ahora tienen en sus manos escrito durante el 2023 *Contra viento y marea* sobre los Hechos de los Apóstoles. Los títulos de cada poema, como sus dos últimos versos, han sido tomados del libro la Sagrada Biblia versión oficial de la CEE de 2017.

Puede que usted haya leído parte o toda la Biblia; si así es, persevere en su lectura, si no, nunca es tarde para comenzar. Aunque crea que se encuentra alejado de sus postulados, pruebe a hacerlo, si no como libro sagrado, que lo es, como el libro más famoso de todos los que la humanidad ha producido. En él encontrará la experiencia humana más sorprendente, verá que, a pesar de tener miles de años, refleja tanto al hombre del pasado como al actual. Leerá cómo logró aquella persona concreta la respuesta a sus preguntas, consuelo y sobre todo, esperanza, percibirá que esa misma solución puede aplicarse adaptada al hoy concreto y eso le proporcionará felicidad. Concretamente en Hechos escrito por Lucas, se recogen los primeros pasos de la Iglesia, podrá observar las contradicciones en las que incurrimos como hombres, dificultades, peligros, debilidad y soberbia, vencidas por el que Es todo. Podrá percibir cómo las diferentes personalidades de Pedro y Pablo (aunque no solo ellos) nos muestran que puede haber distintas visiones sobre un mismo problema, pero que al final, iluminados por Dios, solo hay un Camino que es Verdad y Vida.

Cuando observo la actualidad quedo anonadado ante imágenes que demuestran cuán salvaje es el hombre, y sobre todo algunos gobernantes. Leo que ha aumentado el número de millonarios en el mundo y las hambrunas. Veo imágenes de pueblos discriminados hasta la muerte por ser diferentes. Siento que para futuras generaciones el porvenir es incierto, cuando no inexistente. Observo la paradoja de que una nación que fue masacrada ahora es masacradora. Autonombrados califatos que no son mecenas de las artes, sino de la muerte. Grandes agentes económicos a los que no les importa la vida de la persona, mucho menos su salud, sino qué extraen de ella. Contemplo a nuevos emperadores que aspiran a un espacio vital infinito amenazando a la humanidad con la extinción… Y sí, es cierto, también están las buenas gentes que ayudan a sus semejantes sin importar quiénes ni de donde, dirigentes que buscan la paz, entre ellos el Papa, que se desgasta diariamente pidiéndola. Religiosos que oran constantemente por la paz.

Dios no ordena el asesinato ni la injusticia, no pide el descarte de ningún ser humano, y digo más, ni siquiera el desprecio a la naturaleza; Dios es amor. ¡Dios exige la paz! La mal entendida modernidad intenta opacarlo, con tanta ingenuidad trufada de ignorancia que sorprende. La indolente narcotización de la mente evita la reflexión crítica y con ella la indelegable responsabilidad individual. La fe no es enemiga de la razón, ambas han permitido avanzar al hombre y siguen siendo su motor primario.

Con la misma legitimidad y fuerza que sus antecesores, el Papa Francisco, inspirado por el Espíritu Santo, guía a la Iglesia católica por la senda de la verdad en Cristo Señor nuestro hacia la casa de Dios Padre, oremos para que Dios, Uno y Trino, le dé fuerza, humildad y acierto. Mi querido amigo y maestro D. Antonio, Cardenal Cañizares, por razones ajenas a su voluntad y la mía, ya no acompaña este libro. Quiero agradecer que Su Excelencia D. Enrique Benavent Vidal, arzobispo de Valencia, haya querido prologar este libro; gracias D. Enrique.

Mas no olvidemos lo realmente importante: solo de Dios son el poder y la gloria, sea por siempre bendito y alabado. Él es, y sin Él nada fue o será.

Ximo Albinyana
ximoalbinyana@gmail.com

Testimonio de la Iglesia en Israel con los Doce
(Hch 1-12)

Del Evangelio de Jesús al testimonio de sus discípulos. Prólogo
(Hch 1, 1-2)

Ni aun contando con todas las hojas
de los almanaques que lleguen imprimirse
podría expresar tu majestad misericordiosa,
pues Tú, Señor, eres inabarcable,
el hombre no puede llegar a describirte,
ni siquiera a intuirte si Tú no lo concedes,
los poetas que han escrito sobre tu reflejo
con la belleza de palabras por ti sugeridas
no llegan a esbozar tu magnificencia,
¿cómo será la verdad manifiesta sin velos?

Mi querido Teófilo de la actualidad
o mi querida Priscila contemporánea,
Lucas relató hechos inspirado por Dios
el mismo Señor le abrió los oídos
proveyéndole tinta de esperanza
y guiando firmemente su pluma.
Al enfrentar las páginas en blanco
desconfío, porque la propia soberbia
puede oscurecer con facilidad la Luz
emborronando lo que es inmaculado
confundiendo lo puro con lo humano.

Inseguridad dolorosa es pensar
que lo escrito motive el desvío
de otros hermanos confiados,
que la pretensión de provocar
una alabanza continua al Señor
busque no a Dios, sino la gloria
nosotros que no somos ni seremos nada.

No, no somos santos, pero los que fueron
acariciados por la mano de Dios Señor
siguieron fielmente las Sagradas Escrituras
cobijémonos en ellas como niños recién lactados
pidamos a María que nos ampare bajo su manto
para que su Hijo nos perdone misericordioso;
confiados solo a Él, Dios Uno y Trino, escuchemos

a los apóstoles que había escogido, movido por el Espíritu Santo.

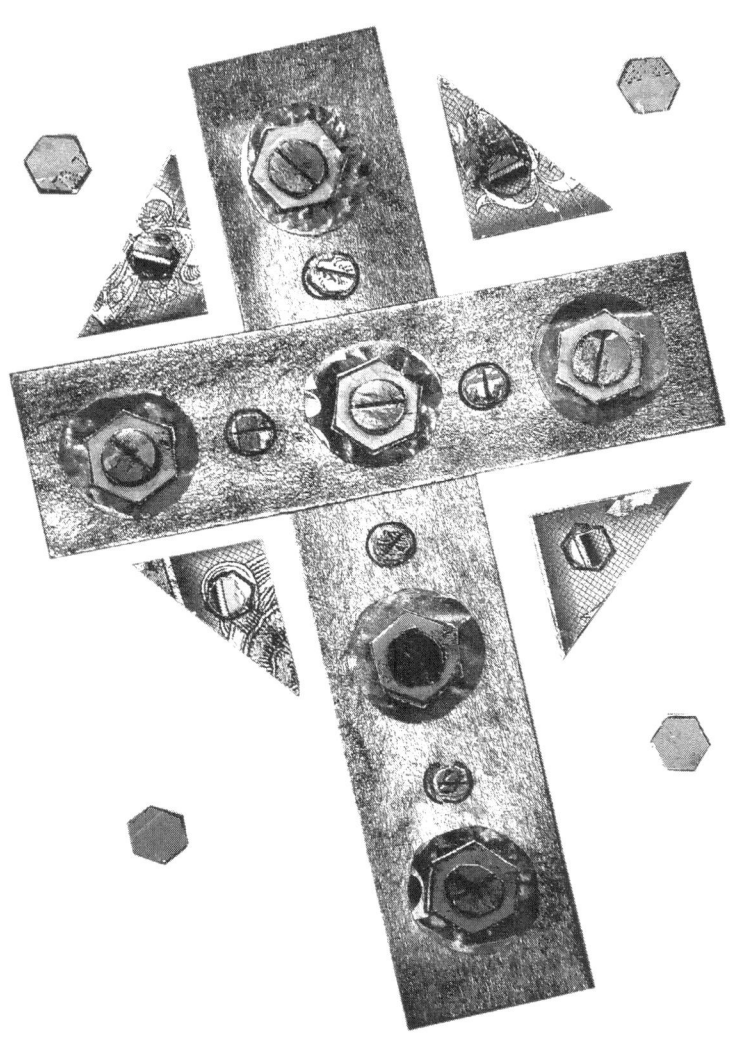

Últimas instrucciones
(Hch 1, 3-8)

Toda una vida y cuarenta días
no son suficientes para hablar
de Dios Padre omnipotente
será el Espíritu Santo iluminador
el que acompañe el peregrinar
de cada discípulo obediente.

De nada sirven las preguntas
cuya respuesta no nos atañe
es ocioso preguntar el cuándo
a quien es tiempo sin medida.
En pro de todos con paciencia y bondad
trabajemos la habilidad recibida
confiados en los brazos del que
sin errores sabe qué conviene.

Oremos y alabemos con alegría
al único que sin ver sentimos
poseedor del honor y la gloria
atentos en el silencio salvífico
a la voz del viento y del trueno
al reflejo de unos ojos clementes
al susurro de aguas y piedras
al llamado de coros celestiales
a la calidez de madera en cruz
al miedo que golpea inmisericorde
al rechazo del injusto poder
a la invisibilidad de los descartados
a la sonrisa inocente del infante
a los colores de todo lo creado,

dejémonos sorprender por la Voz
de quien procede del Padre y del Hijo
Espíritu Santo, Paráclito consolador
que nos acompaña desde el principio
hasta el fin de esta vida terrena.

Escuchad y obedeced al que guía
por las cañadas oscuras bordeando
acantilados donde podéis despeñaros
confiaos a sus brazos paternales
y Él se encargará de guardaros

«recibiréis la fuerza del Espíritu Santo que va a venir sobre
vosotros y seréis mis testigos en Jerusalén, en toda Judea y
Samaría y hasta el confín de la tierra».

Ascensión
(Hch 1, 9-11)

Silencio orante en el monasterio
donde la actividad es acompasada
por el ruego intenso con los ojos fijos
en el corazón misericordioso de Dios
para que derrame agua y sangre
en bien de la entera humanidad.

Tú, mi Dios y Señor, aceptaste ser
cordero inmaculado ofrecido al Padre
oblación pura liberadora del hombre,
clavado al leño de la infamia que tú
transformaste en símbolo sagrado
donde los hombres hallan amparo
guía que nos conduce a la escalera
por la que acceder al Reino Santo.

Tú, mi Dios y Señor, recibiste
la herida de una cruel lanza
en el corazón pleno de misericordia
brotando agua purificadora
y sangre de vida eterna.

No nos pide la contemplación estática
sino la acción contemplativa y orante
imbuidos en la conciencia del discipulado
ser reflejo de la Luz que rasga oscuridades
voceros del Amor sin restricciones
bálsamo que cura las heridas humanas
sal que ayuda a sazonar la belleza creada
siervos obedientes a su Señor y Dios.

Señor, concédenos que sea en clausura
sea en el altar o en medio del mundo
no olvidemos tu infinita misericordia,
permítenos esperarte con la lámpara
encendida y abundante aceite de fe
con el vestido limpio por lo vivido
y con el amor por ti intacto.

«El mismo Jesús que ha sido tomado de entre vosotros y llevado
al cielo, volverá como lo habéis visto marcharse al cielo».

Regreso al cenáculo
(Hch 1, 12-14)

Caminamos por entre columnas
en un claustro silencioso y ornado
oramos sin la premura del tiempo
sin consciencia del movimiento
esperando el regreso del amado,
el rumor del agua nos acompasa
los cipreses mecidos por el céfiro
elevan al cielo un continuo ruego
mientras el verdejo canta tenaz
y compone una melodía salvaje,
en capiteles el maestro cantero
esculpió la catequesis del abad
el Génesis que enseña el principio
y también el final de lo creado
donde enraíza la fe profesada.

Hermanos, no creáis por disciplina
rogad que el Amor os encuentre,
podréis estar justificados por la ley
mas no obtendréis la alegría de amar,
gustad el arrebato del enamoramiento
dejaos penetrar cada poro de la piel
que se adueñe de vuestra voluntad
fiaos enteramente a sus brazos
pues nada podemos sin su Amor,
amoldaos a su Espíritu Santo
para que cada acto sea alabanza
permitid que vuestro yo sea el candil
donde su Luz oriente al caminante.

Jesús muere en la cruz humana
para resucitar en la gloria divina.
Necesitará cuarenta días enteros
para que aquellos testigos directos
lleguen a entender y aceptar
y aún precisa del Espíritu Santo
para que disipe la oscuridad.

Los apóstoles como nosotros
tienen que rogar para obtener
que Jesucristo, nuestro Señor,
por medio del Paráclito luciente
inspire lo que debemos hacer
para ver, cara a cara, a Dios Padre.

Todos ellos perseveraban unánimes en la oración, junto algunas
mujeres y María, la madre de Jesús, y con sus hermanos.

Elección de Matías

(Hch 1, 15-26)

Una cadena infinita de eslabones
de carne y espíritu libre e inspirado
enlaza a los hombres con su Señor
para que su mensaje continúe vivo
sin mancha hasta el fin de los tiempos.

A Andrés le cupo en suerte ser
el primero de otros once apóstoles
pero siempre hubo, hay y habrá
alguno de corrompida aleación
que no se mantendrá impoluto
ante los embates egocéntricos.

El fin de toda atadura es unir
la Roca de la que mana la fuente
con sus sedientas creaturas,
facilitar el encuentro salvífico
con quien concede vida,
un eslabón suelto es un aro
útil para juegos infantiles
mas sin fuerza ni función alguna
que perdiéndose se sotierra
en lo más hondo del averno.

Pedro y después sus sucesores
por voluntad de su Maestro
es primer eslabón engarzado
pieza tutora que mantiene
el rumbo de la Iglesia peregrina
hacia su único Dios y Señor,
Pedro es quien propone nombres

pero a través de la oración será
el Espíritu Santo quien elija.

Judas Iscariote se dejó vencer
—como muchos después de él—
por quien acecha desde lo oculto,
su pago fue el Hacéldama regado
con su sangre prevaricadora,
por eso debía ser sustituido.

Les repartieron suertes, le tocó a Matías, y lo asociaron a los
once apóstoles.

Testimonio en Jerusalén.
Nuevo comienzo, Pentecostés
(Hch 2, 1-11)

No hay muro que no pueda derribarse
ni frontera que impida viajar al viento
ni océano que no vaya a ser navegado
ni cumbre que no pueda ser coronada
ni oído humano que permanezca sordo
si el Espíritu de Dios Señor lo quiere.

Llamaradas que queman dulcemente
sin herir ni arrancar un solo cabello
son las mensajeras del único Señor
donadas a quien Él quiere y elige
son yugo que hace ligera la carga
grato grillete que te une al amado
marca indeleble en la frente limpia
que no quiere ser escondida
ni negada por el enamorado.

Traductor de toda lengua hablada
para componer un canto de alabanza
voz que se eleva alegre para adorar
en todo momento y lugar al Único
Dios omnipotente y eterno Señor.

¡Que tu Pentecostés no termine!
Padre, que no olvidemos que Tú
eres el camino, la verdad y la vida,
que en cada rincón de esta tierra
se escuche tu voz misericordiosa
que tus discípulos no decaigan

y su vida irradie solamente tu Luz
que todos los pueblos conozcan
y gocen del amor que no tiene fin
para que tú, Señor, seas por siempre
bendito y alabado, ¡bendito y alabado!

«y cada uno los oímos hablar de las grandezas de Dios en
nuestra propia lengua».

Testimonio de Pedro con los Once

(Hch 2, 12-36)

Ebrios del dulce néctar del Espíritu
no podríamos silenciar los hechos
una llamarada nos iluminó la mente
abriendo lo cerrado al viento vital
que arrastra el mundano humo tóxico
para dejar límpida visión de la verdad.

Todo está escrito, sin embargo
no alcanzamos su total significado,
pasado, presente y futuro universal
expuestos en forma de llamaradas
que ciegan el conocer humano,
será el Espíritu quien conceda intuir
sabiduría que esta desde el principio
parte indisoluble de Dios Uno y Trino,
por gracia y según cada persona
su fe, fuerza, bondad y constancia
se le levantará parcialmente el velo
para que pueda comprender y gustar
lo que otras anunciaron o el mismo
Señor y Dios, Jesucristo, nos enseñó.

Cada cual tiene asignado su carisma
desde antes de nacer hasta morir
no sabemos el camino establecido
ni cuántas curvas o piedras tendrá
no nos corresponde juzgar el trazado
sino aceptarlo y recorrerlo confiados
mas somos libre de aceptar o rechazar
pues así lo quiso Dios al crearnos.

Jesús Dios acepta por amor infinito
encarnarse de una Virgen y asumir
cada gramo de nuestra humanidad
menos en el pecado en todo igual,
vivió como cualquier otro hombre
anduvo por la tierra sin levantar polvo
no pidió bienes sino que dio dádivas
no ejercitó el poder sino la mansuetud.
Por la maldad de los poderes establecidos
ante su madre María y sus acompañantes
frente al pueblo, sacerdotes y sicarios
fue despreciado, torturado y muerto en cruz
finalmente fue sepultado y al tercer día
resucitado por el poder de Dios Padre
como testimonia Pedro apasionado:

«al mismo Jesús, a quien vosotros crucificasteis, Dios lo ha
constituido Señor y Mesías.»

Reacción de los oyentes

(Hch 2, 37-41)

¡Que la esperanza en la misericordia divina
no desfallezca jamás en hombre o mujer!
La promesa de Dios es para todos
los que están cerca o los alejados
nadie logrará agotar el amor divino
ni la fuente de vida que de su pecho mana.

¿Quieres gozar de serenidad inacabable?
Ama como el propio Señor nos amó
bautizado en nombre de Jesús, el Mesías.

¿Quieres alcanzar sabiduría irrebatible?
Estudia de la mano maestra del Espíritu
bautizado en nombre de Jesús, el Mesías.

¿Quieres obtener un tesoro inmarcesible?
Acumula bienes celestes y no terrestres
bautizado en nombre de Jesús, el Mesías.

¿Quieres que la maldad jamás te alcance?
Refrena el egoísmo y trabaja por la paz
bautizado en nombre de Jesús, el Mesías.

¿Quieres que tus hijos e hijas brillen?
Enséñales que no hay camino sin Dios
bautízalos en nombre de Jesús, el Mesías.

¿Quieres vivir eternamente feliz?
Cree en la Palabra y vive según ella
bautizado en nombre de Jesús, el Mesías.

Porque no hay vida que merezca vivirse
sin Dios, Señor, creador del cielo y tierra
que nos ama antes de ser engendrados
y que nos espera cuando nos durmamos
con su misericordiosa bondad infinita
ya lo dijo Pedro: «Convertíos y sea bautizado
cada uno de vosotros en el nombre de Jesús».

«Los que aceptaron sus palabras se bautizaron, y aquel día
fueron agregadas unas tres mil personas».

Testimonio eclesial
(Hch 2, 42-47)

Se adornan el cabello con flores
prestos a subir alegres al templo
sin distinción de clases o honores
jóvenes y adultos, niños y ancianos
hermanados con el mismo sentir
unidos y fuertes sobre el basamento
de la Verdad revelada por el Espíritu
ilustrados con palabras apostólicas
certificadas con prodigios y signos.

Suerte llaman a algunos a la dádiva
¿si no cae un cabello sin Su voluntad
cómo creeremos en nuestra fuerza?

El Señor nos ama ya antes de nacer
no quiere que ninguno se pierda
porque Él nos espera el último día
no siendo su deseo condenarnos.

Como hace con los pájaros del campo
provee a cada persona sus medios
para que pueda trabajar para el Reino,
servidores de un Señor magnánimo
no acumuladores de bienes y cargos
para una regalada existencia egoísta,
compartir con los que menos tienen
es parte del trabajo y agradecidos
por lo que sin ser propio disfrutamos.

Comprendamos que la humanidad
es compartir con júbilo fraternal,

los ojos del hermano es la ventana
por la que puedes asomarte al cielo,
orar en comunión es lengua escuchada
por los ángeles mensajeros del Señor
que nos proveerán del pan celeste
alimento que revivifica a los hombres
impregnando hasta la última célula
de alegría y esperanza sin fin

y día tras día el Señor iba agregando a los que se iban salvando.

Sección del Nombre.
Curación del cojo de nacimiento
(Hch 3, 1-10)

He buscado un tesoro sin hallarlo
viajado a hasta el confín del universo
excavado hasta las puertas del infierno
sin embargo no encontré lo que buscaba,
ahora que al almanaque de mi existencia
ya casi no le quedan hojas por arrancar
presiento que detrás de la niebla espesa
no está el mundo sino el infinito vacío.

Lo que perseguía sin ser consciente de ello
no era oro, plata o fama que tanto gustan
pues estas cosas son efímeras como el humo
y no duran más que una fresa al sol de estío,
vivir es una sucesión de instantes preciosos
que sin embargo olvidamos muy pronto
la gloria humana no alimenta cuerpo o alma
la fama es una piel que terminará ajada
la pasión perdura una de las cuatro estaciones
el poder arrastra a la ficción maquilladora
nuestro amor depende de otro amor inseguro
la vida es una tinaja donde vertemos vanidad
que terminará desfondada por la ignorancia.

Dejemos que la Sabiduría en manos del alfarero
refuerce la firme base sobre la que transitamos
permitamos que lo vano escape sin lamentos
recolectemos con humildad aceitunas moradas
que después de ser estrujadas entregarán aceite
con ellas rellenaremos la vasija hasta su borde

acopiemos suficiente oleo para el candil llameante
cuya Luz inextinguible nos llena la inmensa nada
iluminando al final de la existencia el camino
que sin ser secreto no llegábamos a descubrir
así conseguiremos un tesoro inesperado de paz
el mismo que nos impele a levantarnos y andar.

Pedro y Juan nada tenían que ofrecer al mendigo
sino su verdad al compartir la fuerza del Altísimo
con ella cortan las ataduras que impiden caminar

quedaron estupefactos y desconcertados ante lo que le había
sucedido.

Discurso de Pedro
(Hch 3, 11-26)

Santo es aquel que vosotros rechazáis
Santo a quien condenáis siendo inocente
Santo al que crucificáis a diario inconscientes,
es el mismo que en Jerusalén fue ajusticiado
el que testimoniando caminó entre la gente,
Señor por el que todo vino a ser creado
Dios que quiso encarnarse de María virgen
del que sabemos que nació en Belem
universo del pueblo judío fiel a la Alianza.

Llenos del Espíritu sus apóstoles y discípulos
están obligados a confesarle en todo lugar
el miedo al mal no impide proclamar que el
cielo está prometido a todo el que en Él crea
y nada ni nadie impedirá que vuelva victorioso,
la promesa es para los cercanos y los alejados
tierra firme que fue anunciada por los profetas
están, las profecías, inscritas en libros sagrados
llenos de la Palabra inspirada por el mismo Dios,
de él recibimos el encargo de lograr que
tu Nombre sea bendito y alabado por todos.
¡Gloria a Dios Padre, Hijo y Espíritu Santo!

Hosanna a vosotros que creéis en Jesús
en su Nombre y en su ejemplo salvífico,
el que crea no morirá para siempre
cielo y vida eterna serán su premio.

Bendito todo pueblo humano
el blanco, amarillo, canela o negro
que es hijo del único Dios verdadero

viene hasta el templo consagrado
en actitud de orante humildad sin
nombre ni cargo, desnudo y suplicante
del bien que solo puede obtenerse del
Señor, Jesucristo, Hijo Único de Dios.

Hosanna a ti, querido hermano, que lees
en mí no hallarás ese camino que buscas
el que de verdad te lleva a Dios es Jesús:
cielo esperado en el que hallar la salvación.

«Dios resucitó a su Siervo y os lo envía en primer lugar a
vosotros para que os traiga la bendición, apartándoos a cada
uno de vuestras maldades».

Pedro y Juan dan testimonio ante el Sanedrín

(Hch 4, 1-22)

No puede negarse la luz del sol
como tampoco el Amor sublime.
La verdad es un estilete afilado
puede envolverse con fina seda
o con burda tela de saco;
oculta a ojos ignorantes
terminará cortando.

Quien no agradece no merece
ninguno de los favores dados.
Puedes intentar torcer hechos
pero tozudos van a imponerse
lo que te hicieron no hiciste
por mucho que repitas voces
no será cierto el servido relato.

El discípulo no enseña al Maestro
ni el esclavo es dueño del amo.
Sirve porque para servir viniste
no pretendas apropiarte de una mesa
que solo te es confiada en depósito
no eres dueño sino administrador
que puede ser reo por negligente.

Hay cárceles con grilletes de acero
otras será el mismo aire el hierro.
Nada puede compararse a la traición
que tú te provocaste al pretender
curar por el poder de tus manos

cuando solo es un recurso prestado
por quien es la fuente de caridades.

No puedes impedir viajar al viento
es fuerte o suave cuando le place.
Intentarán impedir a Pedro y Juan
que hablen del Hombre que les da
la libertad en ellos radicada firme
la misma que concede la Verdad
de que el único Nombre que salva
es el de Jesucristo el Nazareno

porque todos daban gloria a Dios por lo sucedido, pues el
hombre en quien se había realizado este milagro de curación
tenía más de cuarenta años.

Oración de la comunidad
(Hch 4, 23-31)

Construyamos un templo sagrado
que resista el embate enemigo
con las piedras vivas de tus santos,
levantemos una torre humana
coronada por quien es Luz de Luz
faro que ilumina a la humanidad
dirigiéndola al puerto seguro
donde el viento es calmo
y el sol calienta el corazón de carne
insuflando bondad y alegría.

Templemos el cuerpo y la mente
para estar libres de gangas mundanas
evitemos que existan grietas
por las que penetre la inmundicia
hasta conseguir quebrar el alma
o acabaremos siendo chatarra inútil
cuyo destino es el fuego de Hefesto.

En cueva revestida de azogue
no es fácil distinguir qué es
primordial o secundario, bien o mal
lo humano de la ficción humana
reflejos que parecen realidades
egoísmo disfrazado de caridad
idolatras imbuidos de razones
para con arcilla construirse dioses
sin corazón no hay misericordia
sin ella no es posible la salvación.

Sequemos con el calor de la Verdad
este mundo líquido sin arraigo
la estrecha libertad ideologizada
enmascara la esclavitud moderna
que olvida las raíces ancestrales
la línea recta de la experiencia
se torna en zigzag de caverna
donde las sombras jamás serán
realidad de la auténtica Verdad.

Al terminar la oración, tembló el lugar donde estaban reunidos; los llenó a todos el Espíritu Santo, y predicaban con valentía la palabra de Dios.

Vida de la comunidad
(Hch 4, 32-37)

Nada hay más íntimo que el amor
el núcleo de ese amor es la fe
su continuo movimiento vivifica
dotando de sentido al ser humano,
el resto de animales sobre la tierra
sienten amor, dolor, pena y gozo
pero no sienten la trascendencia,
el hombre a imagen y semejanza
de Dios que le insufló la vida
sabe que la misma es realidad.

Cuando hay amor no hay límite
ni nada material en propiedad
compartes lo poco o mucho
que por ventura conseguiste,
fue la mano de Dios con guante
que guio tus pasos hasta ella
una causalidad preciosa
que debes administrar con mesura,
gratis darás lo que recibiste gratis
¿acaso posees casa, campo o ganado
que no pertenezcan al Creador?

Convento, monasterio, parroquia
ni la misma catedral de san Pedro
existen sin comunidad creyente
hermanados todos sus integrantes
por el amor que concede la alegría
que no se marchita por dificultades.

Entre todos se encontrará solución
no hay nada humano que no pase
por grande que sea la montaña
podrá ser nivelada hasta el valle
la felicidad no se compra con bienes
ni ellos pueden hacer ningún milagro
pero sí pueden darte la oportunidad
de lograr para tu hermano la ayuda
que él necesita y no tiene

tenía un campo y lo vendió; llevó el dinero y lo puso a los pies
de los apóstoles.

Ananías y Safira

(Hch 5, 1-11)

¿Qué es más importante para ti?
¿Tu vida terrestre creada sin tu concurso
o la vida celeste por ti rogada?
Recuerda no tentar al Señor tu Dios.

¿Qué prefieres? ¿Estar encerrado
en una caja fuerte blindada
o compartir en un alegre banquete?
Recuerda no tentar al Señor tu Dios.

¿Qué eliges si te pierdes en un desierto?
¿Bolsillos llenos de oro y diamantes
o la fuente que mana eternamente?
Recuerda no tentar al Señor tu Dios.

¿Qué escoges para volar? ¿Alas pegadas
con la cera de las laboriosas abejas
o dejar que el Espíritu vuele libremente?
Recuerda no tentar al Señor tu Dios.

¿Qué deseas con pasión? ¿Un cuerpo
que te está prohibido y no te saciará
o el Cuerpo que te entrega sus bienes?
Recuerda no tentar al Señor tu Dios.

¿Qué amas? ¿Una perla exquisita
que se extraviará con el tiempo
o la única Perla que no se pierde?
Recuerda no tentar al Señor tu Dios.

¿Qué quieres? ¿Una casa cuyos cimientos
no aguantarán ni un solo terremoto
o la que descansa sobre la Roca?
Recuerda no tentar al Señor tu Dios
nada escapa a su omnisciencia.

Y se extendió un gran temor en toda la Iglesia y entre todos los
que lo oían contar.

La vida de la comunidad
(Hch 5, 12-16)

Nuestro mundo no es aldea global
gracias a Dios hay lugares del globo
salvos de la salvaje selva de asfalto
sus pórticos son bellas ramas de árboles
que preceden a templos de concordia
del hombre y su creador omnipresente.

Aún hay gentes que viven en armonía
atrasados a los ojos de la "modernidad"
pero muy adelantados en felicidad
confiados en la providencia divina
reciben lo necesario de la naturaleza
entre ellos comparten y no falta nada
pues dando reciben alegría sin límite
no hay menesterosos ni superiores
todo hombre y mujer es un igual.

Hay sitios donde la razón no olvidó a Dios
avanzan sin alejarse y andan con seguridad
aman y serán amados con fraternidad
miran en las ventanas del alma y ven
la alegre confianza que solo sabe de paz,
los herreros forjan arados y podaderas
levantan paredes de casas, no murallas
cae suave el agua a tiempo de siembra
calienta el sol de primavera y verano
produciendo grano al ciento por uno
que la gente cosechará entre cantares
después del otoño vendrá el invierno
época de descansar, orar y agradecer.

Aún hay lugares donde Dios es reconocido
por regalar milagros a diario sin condiciones
ni siquiera pregunta a los hombres con qué
Nombre es invocado, alabado y glorificado
se fija en la bondad cuyo fruto es solidaridad
en la cohesión de familia humana concreta
que se integra en la comunidad de un pueblo
querido y respetado por su misma esencia.

Acudía incluso mucha gente de las ciudades cercanas a
Jerusalén, llevando a enfermos y poseídos por espíritu inmundo,
y todos eran curados.

Pedro y Juan comparecen de nuevo ante el Sanedrín

(Hch 5, 17-33)

No hay hierro de cárcel suficiente
que pueda encerrar la Verdad
como al sol no se la tapa con dedo
no se la amordaza con lino ni seda,
como al embarazo no se ocultará
ni aun con todas las capas sucias
que los hombres podamos fabricar.

Podrás matar el cuerpo de un apóstol
pero no podrás detenerlo ni matándolo
pues nadie que lo sea lo es sin el Espíritu
este no morirá y en cambio revivificará;
semilla enterrada dará fruto abundante.

Obedece a Dios no por temor sino por amor
el que es paz es el único que la concede
fuera de Él no hay belleza que perdure
quien es Palabra es quien la pronuncia
y la Verdad es lo que el hombre desea
en búsqueda continua a lo largo de los siglos
¿acaso Pedro y Juan debían guardársela?

Hay yugos que son regalos preciosos
cargas ligeras para compartir con todos
sin excepción de raza, lengua o pueblo
el encuentro con el Señor es una dádiva
pero también el encargo de proclamarlo
y repartir el bien recibido con hermanos
no siendo ni privativo ni personal nunca.

Pedro y Juan en su tosca poquedad
convivieron con Jesús creyéndole profeta
para darse cuenta de que en realidad es Dios
al que los hombres colgaron en cruz,
saben que callar vuelve a crucificarlo
viola el mandato del único Nombre sagrado
ante quien todos deben inclinar la cabeza
no serán ellos los que callen ante hombres.

Ellos, al oír esto, se consumían de rabia y trataban de matarlos.

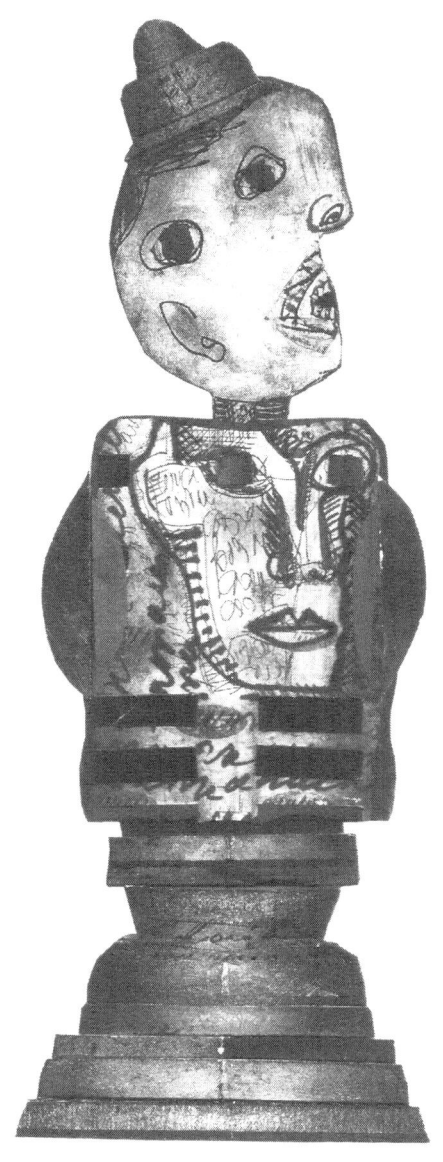

PASTOR RIVERA
2023

Intervención de Gamaliel
(Hch 5, 34-42)

No seáis insensatos, no juzguéis
pues solo hay un juez autorizado
si es de Dios, se verán los hechos
si no lo es, lo veremos también,
distingamos entre milagro real
de la falsa superstición teatral
cuando se invoca el poder divino.

No es posible alcanzar la Sabiduría
es un poliedro de infinitas caras
jamás atraparemos a Dios en cajas
ni en exquisitos templos milenarios
igual de que de la luna vemos partes
de Dios se nos permite ver una nube
y el gran Moisés solo vio la espalda.

La vida y la muerte son de Dios
solo Él tiene poder de dar o quitar
no somos quienes nos engendramos
el humano participa mas no decide
no hay hombre que señale el día
en qua le visitará la fría extinción
nadie tiene título o poder bastante
para arrogarse la potestad divina.

Quien lucha contra el Señor, pierde
no hay modo de ganar la partida
ni puede esperarse salir indemne,
podréis luchar contra los hombres
rechazar mil veces vuestro camino
pero si Dios así lo quiere, será inútil;

el destino es una sima profunda
de la que no podrás escapar.

Es un buen pago soportar azotes
por defender la verdad del Nombre
pues Él, aun con nuestra injusticia
ilimitado nos amó como hermanos
sea por siempre bendito y alabado.

Ningún día dejaban de enseñar, en el templo y por las casas,
anunciando la buena noticia acerca del Mesías Jesús.

Los helenistas cristianos.
El ministerio de las mesas
(Hch 6, 1-7)

Todo oficio es igual de apreciable
componente de un organismo vivo
que eleva el conjunto hacia el cielo,
es importante el maestro de obras
pero también el esforzado cantero
el escultor que talla delicadamente
como el obrero que encaja preciso
tanto el pintor que ilumina la vida
como herrero que forja el acero
aguadores, cocineros, lavanderos
todos son necesarios para el reino.

Se desentraña una pequeña parte
de un arcano inconmensurable
nadie atrapa ni posee la Sabiduría
porque ella es la libertad esencial,
es una amante celosa de su belleza
que solo permite ver una sombra
intuir, desear, chiflar, mas no tener.

Si el director no sirve a los demás
su arte como campana agrietada
será estridente herida a los oídos
la obra avanzará lenta o no lo hará,
pared alzada a desgana se derruye
la talla tendrá sonrisa crispada
por miedo el ángel será gárgola,
servir cada uno en su carisma es
lo único que garantizará éxito.

Lo que no se use se perderá
lo que no se coma se pudrirá
¡para qué nos sirve acumular!
Compartamos lo que tenemos
con todas las viudas y huérfanos
con todos los pobres y enfermos.
«Todos» es una palabra pequeña
en la que cabe el universo.

La palabra de Dios iba creciendo y en Jerusalén se multiplicaba
el número de discípulos; incluso muchos sacerdotes aceptaban
la fe.

Testimonio y detención de Esteban
(Hch 6, 8-15)

Hoy como ayer los celos maliciosos
afectan al pueblo elegido por Dios,
Esteban inspirado por el Espíritu
habla en la sinagoga de los libertos,
Francisco inspirado por el Espíritu
habla desde la cátedra de Pedro,
ambos tienen el mismo encargo:
dirigir los hombres hasta Dios.

Impertérrito el diablo busca dividir
una nación santa que peregrina
por el desierto de la temporalidad,
el cuerpo místico ha sido dividido
por la tozudez de los hombres que
se consideraban santos iluminados
poseedores de la verdad y la fuerza
hasta el punto de intentar enjaular
la libertad del mismo Espíritu Santo.

El Señor es aire que va donde quiere
el Señor es agua que riega donde quiere
el Señor es fuego que arde donde quiere
el Señor es tierra donde arraigan los que Él quiere.

¿Serás tú, mi querido hermano, quien
le dirá al Señor que se ha equivocado?
¿Serás tú, mi querido obispo, quien le diga
al Espíritu Santo que se ha equivocado?
¿Serás tú, mi querido sacerdote, quien dirás
que al elegir a Pedro como roca de la Iglesia
el Señor, ese día, se había equivocado?

Los que sustituyen a Pedro en su cátedra son
como Esteban, siervos de su Dios y Señor,
testigos de su gran bondad y misericordia
cargados con el trabajo de cuidar al pueblo
hablan para que su Voz no sea silenciada.

Todos los que estaban sentados en el Sanedrín fijaron su mirada
en él y su rostro les pareció el de un ángel.

Discurso de Esteban

(Hch 7, 1-53)

Si se abrieran los cielos
y bajaran ejércitos de ángeles
no te creeríamos. ¡Perdónanos, Señor!

Si saliéramos de nuestra patria
y tus manos nos protegieran
no te creeríamos. ¡Perdónanos, Señor!

Si sufriéramos una gran sequía
y tú nos proveyeras de agua
no te creeríamos. ¡Perdónanos, Señor!

Si nos concedieras un juez integro
y sus palabras nos dirigieran a ti
no te creeríamos. ¡Perdónanos, Señor!

Si ocurriesen grandes portentos dañinos
y tus ángeles no tocaran a tu pueblo
no te creeríamos. ¡Perdónanos, Señor!

Si ante nosotros se abriera el océano
y pudiésemos caminar hasta Canadá
no te creeríamos. ¡Perdónanos, Señor!

Si de una roca dura del desierto
brotará un manantial inagotable
no te creeríamos. ¡Perdónanos, Señor!

Si parases las aguas del gran río
para que pudiésemos vadearlo
no te creeríamos. ¡Perdónanos, Señor!

Si hicieses andar al paralítico y curaras
al enfermo, al leproso, al endemoniado
no te creeríamos. ¡Perdónanos, Señor!

Si permitieses que destruyeran el templo
y en tres días volvieses a levantarlo
no te creemos. ¡Perdónanos, Señor!

«¿Hubo un profeta que vuestros padres no persiguieran? Ellos
mataron a los que anunciaban la venida del Justo, y ahora
vosotros lo habéis traicionado y asesinado; recibisteis la ley por
mediación de los ángeles y no la habéis observado».

Lapidación y muerte de Esteban
(Hch 7, 54-60 y 8, 1)

Nadie codicia su propio martirio
aunque sea llave del cielo auténtica,
por ser prueba de la fe en el Hijo Único
será el cielo premio del sacrificio.

Darán al cuerpo terrenal la muerte
pero salvarás tú el alma inocente
si impides que el mal consiga meterte
la maldad en tu espíritu celeste.

El verdadero amor es perdonar
pues es mandamiento seguro amar
y es el viático que puede salvar.

Entregas espíritu libre y firme
a Dios Padre celestial que te imprime
fuerza necesaria para seguirle.

Luego cayendo de rodillas y clamando con voz potente, dijo:
«Señor, no les tengas en cuenta este pecado». Y, con estas
palabras, murió. Saulo aprobaba su ejecución.

Testimonio fuera de Jerusalén. Ciclo de Felipe. Persecución en Jerusalén

(Hch 8, 1-3)

Señor, ten paciencia y misericordia
perdona nuestra soberbia inmensa.

Escuchamos el rumor de caracola
y creeremos que habló la Sibila
que justifica lo que defendemos,
pero como barco en la tormenta
entre las altas olas te escondes;
lo que nos permitas ver veremos.

Incapaces de aceptar la nueva Alianza
Saulo y los otros fieles te buscaban
entre los reflejos oxidados de la fe
convencidos de que para defenderte
no había ofensa en matar al hermano,
una jauría humana poco antes reunida
tentada por quienes debían guardar
la esperanza anunciada por profetas,
panzas alimentadas por las ofrendas
de las viudas y los huérfanos pobres
defienden una ortodoxia muerta.

Funcionarios sacerdotales glosan
la Palabra viva como roca inerte
transforman la fuente en cantera
para cargar pesadísimos fardos
en las espaldas de los creyentes
hasta aplastar la fe del hombre.

Cierran la cúpula del templo hasta
convertirla en una caverna interior
donde no pueda penetrar la Luz,
en defensa de denarios y sedas
son topos ciegos que se guían
por los tambores del infierno.

Saulo, por su parte, se ensañaba con la Iglesia, penetrando en
las casas y arrastrando a la cárcel a hombres y mujeres.

Felipe, en Samaría

(Hch 8, 4-8)

Qué fácil es creer lo que ves
mas la fe es más que el instante
que ya huyó cuando lo viviste,
en la lejanía vemos gemas y oro
que deseamos intensamente
pero no son nuestro tesoro,
al nacer poseemos vida y destino
bueno o malo según aprovechemos
con constancia perseverante
la Buena Nueva anunciada.

El cojo se marchará por el camino
el paralítico caminará hasta su casa
los endemoniados se irán tranquilos
y tú te quedarás solo en tu cámara.

La vida ordinaria no tiene milagro
sin embargo toda ella es gracia
sea el lapso pasado largo o corto
su trascurrir empinado o llano
cada día lograste la maravilla
de la cotidiana existencia
y eso es un gran premio.

Hay que extraer la ganga de la plata
si es que quieres que luzca brillante
cada precipicio muestra un valle nuevo
las tormentas prueban los anclajes
pero por altos que sean los árboles
jamás tocarán el cielo.

Felipe en Samaría anuncia a Jesús
condenado, muerto y resucitado
por cuyo Nombre hará portentos
pero el mayor de todos no fue sanar
sino dar ejemplo de su segura fe,
testimonia hasta el fin que a Jesucristo
lo resucitó Dios y es Dios verdadero.

La ciudad se llenó de alegría.

Simón el Mago

(Hch 8, 9-13)

Francisco dio sus vestimentas
quedose desnudo ante todos
no hubo soberbia sino libertad
la misma que consigue el Amor
aceptado y siempre rogado.

Regalar lo que sobra no es dar
y menos es donar para lograr
es sutil ambición del ególatra
que en último término busca
ganar lo que nunca será suyo.

La magia asombra a la gente
que no puede ver la tramoya
transforma como real la ilusión
sombras que no son caballos
ni caballeros hidalgos andantes
cuerpos sin trastorno curados
o pegados después de cortados.

Nada hay de divino en el engaño
ni de inspirado en la verborrea
sí, hay parlanchines espabilados
que dicen ser gente importante
para servirse de los inocentes.

La fe no es fácil ni sencilla
requiere señales contundentes
no busques fuera lo de dentro
pues eres tú tu mayor prueba,
confiarse constante es camino

escucha, lee, mira y ruega
quien te espera es paciente
sabe aguardar que seas libre
para entregarte sin reservas
y ese será su mayor regalo.

El mismo Simón también creyó y, una vez bautizado, estaba
constantemente con Felipe, asombrado al ver los signos y
grandes milagros que se obraban.

Pedro y Juan confirman la obra de Felipe
(Hch 8, 14-25)

El don no es título en venta
pretender adquirirlo ofende
al mismo Espíritu Santo
que elige quien lo merece
la simonía es pecado eclesiástico.

Pedro fue elegido por Jesús
como roca firme de su Iglesia
fue bautizado por el Espíritu
junto al colegio de apóstoles,
con sus imperfecciones y pecados
ellos, que eran hombres corrientes
imbuidos por el poder del Espíritu
se esforzaron en dirigir a las gentes.

De Dios es la gracia y el don
ningún mago podrá comprarlos
la Palabra es el camino que resiste
interpretaciones partidarias
muchos bautizados son pitones
su fe es la de un escenario donde
las bambalinas son escorpiones,
la Verdad es el diamante puro
cuya luz irradia sobre el mundo
sin las restricciones de los hombres.

Bautízate sin tener arcón herrado
que guarde aspiraciones humanas
no te disciplines el pecho a golpes

con una mano de espumado látex
no sigas a tu Obispo para criticarlo
ni vayas con hermano al que difamas
no pretendas honores sin cargas,
despréndete de maldades y envidias
que son letal bebida que gangrenará
un corazón cargado de veneno amargo
que empuja con fuerza al precipicio
donde solo existe la soledad eterna
y la visita continua de tus demonios.

Ellos, pues, después de haber dado testimonio y haber
proclamado la palabra del Señor, regresaron a Jerusalén
anunciando la Buena Nueva a muchas aldeas de samaritanos.

El eunuco etíope
(Hch 8, 26-40)

Déjate llevar por el flujo del río
te conducirá al mar inmensurable
cuyo horizonte es el cielo infinito,
no busques el agua en las nubes
permite que sus gotas penetren
hasta la misma raíz del alma,
espera que la noche oscura pase
cúbrete con prendas tradicionales
el sol rasgará con fuego la negrura.

La Buena Nueva no tiene límites
de persona, lugar, tiempo o espacio
no es menos hombre un eunuco
sea por voluntad propia o forzado,
la persona busca lo transcendente
más allá de su propio cuerpo físico
la razón nos dice que hay más
mucho más de lo que observamos,
una causalidad material o un apóstol
enviado ambos por el Espíritu Santo
permiten ver un reflejo de la luz
incitándonos a buscar la fiel llave
que abre la puerta del Reino.

El hombre persigue, Dios halla
no pueden compararse ambos,
tenacidad, fuerza, miedo, caída
podemos tener para alcanzarlo
mas lo que aquilata es su Amor,
nos va a sorprender siempre

pues Él nos toma cuando quiere,
hay enemigos al acecho infatigables
pero si somos fieles nos protege
como escudo indestructible Dios
que jamás abandona al que ama.

Felipe se encontró en Azoto y fue anunciando la Buena Nueva
en todos los poblados hasta que llegó a Cesarea.

Conversión y misión de Saulo

(Hch 9, 1-19)

Te halló camino de Damasco
completamente envenenado
su luz fue el necesitado antídoto
salvándote de tu soberbia
aplastó la cabeza de la serpiente
que en tu interior anidaba.

Tu ceguera continuó tres días más
tantos como el Señor estuvo en tinieblas
fue penitencia del Sheol bien ganado
al tiempo que regalo para la reflexión
sin pan ni agua, solo con tus pensares
observaste el transcurrir de tu vida
pudiste pesar en la balanza los hechos
contra pronóstico notaste que pese a todo
Él te acompañó siempre en el camino
aunque lo rechazaste una y otra vez
persiguiendo y matando a sus discípulos;
nadie posee la Verdad, la Verdad te posee.

Sueños que inspira Dios en el hombre
sirven para comunicar un mandato
que Ananías en su libertad objeta
mas la razón de Dios es poderosa
él acatará en obediente fidelidad,
también valen para anunciar la venida
del perseguidor ciego y desorientado
preparando el campo para ser roturado
donde la semilla esperará la lluvia
para fructificar ante pueblos y reyes
después de sufrir mucho por el Nombre.

Las escamas de la ignorante impiedad
arrancadas por la imposición de manos
—instrumentos de la misericordia divina—
permiten ver la luz diáfana de la Verdad
volver a la vida con la salud corporal
no como verdugo sino como ofrenda.

Inmediatamente se le cayeron de los ojos una especie de
escamas, y recobró la vista. Se levantó, y fue bautizado. Comió
y recobró las fuerzas.

Predicación en Damasco
(Hch 9, 19-25)

Saulo, elegido converso, aún es hoy
sutilmente cuestionado por astutos
cumplidor, contra viento y marea
por mandato, ayuda a levantar la Iglesia
que nunca fue de Pablo sino de su Señor.

Después de la fecunda lluvia primaveral
la semilla enterrada inicia su nueva vida
deberá sortear los peligros de la tierra,
rocas que se interponen en su camino
insectos que querrán chupar su savia
ungulados cuyas pezuñas lo pisotearán
paquidermos que comen verdes yemas
nada pueden contra las ganas de vivir,
quien ha sido recién engendrado tiene
intacta toda la fuerza del amor sublime
corre la sangre por sus venas con pasión
le empuja hacia las elevadas cumbres
que solo logran los cedros bien regados.

Confió y fueron injertadas en su mente
las palabras justas que debía proclamar
no pudo ser prudente ni moderado
la hoguera había prendido en su interior
no podía ser sofocada por nada terrestre,
continuó el trabajo de su Señor agitando
los cimientos de un edificio empolvado,
convirtiéndose en alcuza para derramar
oleo sagrado en las bisagras oxidadas
que bloqueaban las puertas del templo

abriéndolas para que la luz penetrará
hasta la mismísima sala de la Alianza.

Quienes viven de la oscuridad
no soportan que les iluminen
intentarán romper la caña
y arrancar el pabilo
que da su vida por la Luz.

Entonces los discípulos lo tomaron y le hicieron salir de noche
descolgándolo muro abajo en una espuerta.

Saulo, en Jerusalén

(Hch 9, 26-35)

Roca extraída de mina profunda
procesada tornará metal maleable
el fuego ayuda a separar la ganga
nada alcanza el calor de la Verdad
ni puede conseguir mayor pureza.

Saulo buscaba con fuerza la verdad
y la Verdad dulcemente lo halló a Él
no donde buscaba sino su contrario,
el objetivo y el trabajo de su vida
fueron de repente tronchados,
cayó el pedestal donde se apoyaba
tirándolo contra el suelo de piedra
pero obtuvo la gracia de comprender;
no se resistió al amor consecuente.

Distinto siendo el mismo hombre
por familiares, amigos o enemigos
es difícil que sea comprendido,
lo que combatió ahora cree firme
la incomprensión no es producto
del ajeno prejuicio sino del hecho
de que es él el que se ha convertido,
recorrerá estaciones de penitencia
con la paciencia que no tenía antes
soportará la cruz que él construyó
rogando la misericordia de su Señor.

Precisa la unión con los hermanos
busca su compañía y confirmación
pues nadie vive solo su camino,

habrá un hermano que comprenda
venciendo las barreras del cliché
que por su mano libre imprimió
y es aceptado en la comunidad creyente
para que siga misionando por la Verdad.

Hablaba y discutía también con los helenistas, que se
propusieron matarlo. Al enterarse los hermanos, lo bajaron a
Cesarea y lo enviaron a Tarso.

Actividad de Pedro.
Pedro cura a Eneas
(Hch 9, 31-35)

Hace crecer la comunidad libre
la paz engendradora de amor
con el que se obtiene alegría
la fuerte unidad de los hermanos;
en fraternidad no hay conflicto
y sí comprensión y perdón.

La paz es tan delicada
que tiene que ser cuidada
mimada como el gran tesoro
concedido por nuestro Señor
al que siempre debéis rogarla,
no es la ausencia de contienda
sino del egoísmo y la infelicidad
sin ambos queda la concordia
que imposibilita el conflicto.

La paz que Él nos dejó es su Paz
nos la dio y nosotros la pisoteamos
ofendiendo gravemente al Señor.

Quienes son sus discípulos verdaderos
—sean conscientes o inconscientes—
dan fe con su vida del regalo recibido,
buscan, proclaman, exigen y propician
en todo tiempo que nadie la pise
sea poderoso o menesteroso,
todo hombre o mujer tienen obligación
de preparar la tierra para la instauración
del Reino de Dios y solo es posible con paz.

El Espíritu presente en la historia humana
continúa favoreciendo el triunfo de la paz
condición primordial para el desarrollo
de todas las habilidades que poseemos
para que los humanos podamos vivir
gozar de los dones de la naturaleza
viendo crecer a nuestros hijos e hijas
con bienestar y fuerza sin paralizarnos
como demostró Pedro con Eneas.

Lo vieron todos los vecinos de Lida y de Sarón, y se convirtieron
al Señor.

Pedro resucita a Tabita

(Hch 9, 36-43)

Quien crea en Jesucristo
aunque haya muerto, vivirá,
y cuando crees, amas, sigues
obedeces la voluntad del Amor
con absoluta disposición libre
ninguna actividad o trabajo
escapa del enamoramiento.

No amas en parte o a tiempo parcial
ni en los telares ni ante el arado
ni en el campo de fútbol o acostado
el amor no tiene límite o espacio
abarca cada espiración humana,
no eres tú quien lo elige, te elige
arrasará con seguridades y certezas
sin dejar de remover todas ellas
estás dispuesto a perder todo
hasta la misma vida por el amado.

Tabita cree en su amor imperecedero
no posee nada que no le entregue
sabe que en el rostro del hermano
puede ver el de su gran adhesión,
vive recorriendo un camino ancho
lleno de flores y suaves pendientes
comparte su felicidad con los demás
no se guarda celosamente su alegría
proporciona sus tejidos a los vecinos
porque su contento está en dar
siguiendo a su creador que da Luz a diario
que regala la lluvia a su tiempo

sin distinguir entre buenos o malos
que incluso entregó su vida terrestre
por perdonar nuestros pecados.

Porque Dios ve en lo escondido
y escucha a quienes le aman
no dejará que la muerte triunfe;
como hizo Pedro en Jafa que
por el Nombre dijo «Tabita, levántate»
Él salvará una vida coherente.

Esto se supo por todo Jafa, y muchos creyeron en el Señor. Pedro
permaneció bastantes días en Jafa en casa de un tal Simón,
curtidor.

Visión de Cornelio
(Hch 10, 1-8)

Un diamante en bruto es la humildad
cuando más se pule más brillará
pero la soberbia es difícil de domeñar
intenta herirnos con menudencias
falsos derechos que son vanidades,
el aire no se ve pero es vital
el hombre no puede subsistir sin él
nada hay para transportar más lejos
la Palabra que en el origen ya estaba.

Dios creó al hombre y a la mujer
y no tenían color, raza o nación
creados puros y libres como Él era
a su imagen iguales pero diferentes
mas usando su libertad consciente
comieron de la manzana prohibida
ensoberbecidos pretenden superar
lo que jamás podrá ser sobrepasado;
su orgullo consiguió la división.

Un hombre con los brazos clavados
a una cruz de madera como esclavo
atrajo hacia sí la mirada y el alma
sus brazos abarcaban a todo humano
sin distinguir judíos, griegos o romanos
ni a ningún pueblo de la faz terrestre,
ese hombre murió y al tercer día resucitó
Hijo de Dios y Dios verdadero, concede
vida sin fin y la felicidad sin límites
a todos los que creen en Él.

Cornelio, centurión romano, cree
ayuda a los necesitados y ora
—toda su casa es lugar de oración—
a la hora nona recibe la gracia
escucha y obedece, no se engríe, teme
pues sabe que hay un solo Dios y Señor
de todas las cosas visibles e invisibles

llamó a dos siervos y a un soldado piadoso de los que estaban a
su servicio, les contó todo y los mandó a Jafa.

Visión de Pedro
(Hch 10, 9-23)

Cuatro puntos cardinales
cuatro columnas de marfil
cuatro ángeles celestiales
sostienen el lienzo del universo,
todo lo que existe, visible o invisible
proviene de un único Creador
que lo santifica con su mano,
el paso del tiempo por sí mismo
no da pureza ni consagra nada
sin la fuerza Espíritu Santo,
los rituales son cáscaras de nueces
duras, vacías, rotas y cortantes,
solo el olvido de Dios hace profano
aquello que debió ser puro y santo.

La cruz de leño seco abrió las puertas
de la muralla de la Jerusalén celeste
concediendo la ciudadanía universal
a la humanidad sin pueblos ni razas
donde reina el único Dios Santo y Trino
Padre Creador omnipotente y justo
alabado y glorificado en toda lengua.

Ya no hay pueblo elegido ni rechazado
cada rincón del cosmos merece su Voz
la misericordia infinita de su amor,
nosotros, indignos servidores del Señor
no tenemos derecho a rechazar ni juzgar
lo que Él con su omnisciencia determina,
solo podremos gozar verdaderamente
si nuestra vida se funde con su deseo,

si su camino nos lleva a una caverna
donde el frío y la oscuridad tememos
permitamos que su cayado nos guíe
pues al final del camino hay una salida
que conduce a la brillante Luz de Luz
ante su presencia tranquila y serena.

Pedro obedece y se alimenta de aquello
que no puede ser profano si es de Dios,
sigue la senda desconocida sin dudarlo
para proclamar el Evangelio del Señor.

Él los invitó a entrar y los alojó. Al día siguiente, se levantó y
marchó con ellos, haciéndose acompañar por algunos de los
hermanos de Jafa.

Pedro en casa de Cornelio

(Hch 10, 24-43)

Nadie vio el caos primigenio
sino aquel quien lo disipó
nadie vio la oscuridad absoluta
sino aquel quien es la Luz
¡dichoso el que crea sin ver!

A su tiempo la Luz iluminará
a todo hombre y mujer
que habita este planeta azul
incluso a los que algún día vivan
en otros planetas del universo,
Pedro rompe la barrera del gentil
porque es su misión como siervo,
no es un elegido, sino un discípulo
un hombre con la gracia del testigo
inspirado comienza a levantar firme
el edificio de piedras vivas de la Iglesia
conocedor de que nada será posible
sin que el Espíritu Santo lo propicie;
no verán sus ojos sino su alma.

Hoy Pedro-Francisco sin haber visto
cree y por gracia es apóstol servidor
con la misma obligación de misionar
en comunión con sus hermanos obispos
hacer presente al que nunca se fue
guiar a su Iglesia hacia las puertas
de la ciudad de la Jerusalén celeste
sin dejarse desviar del camino seguro
ni olvidarse de ningún ser humano
cual sea su edad, resida donde resida

Tel Aviv, Pekín, Moscú, Kiev, Washington
Roma, Burgos, Valéncia o Museros
cuya alma quiere salvarse y anhela la paz
mantiene la esperanza del amor ilimitado
que solo se obtiene por gracia de Dios
y su Único Hijo anunciado por los profetas.

«De él dan testimonio todos los profetas: que todos los que
creen en él reciben, por su nombre, el perdón de los pecados»

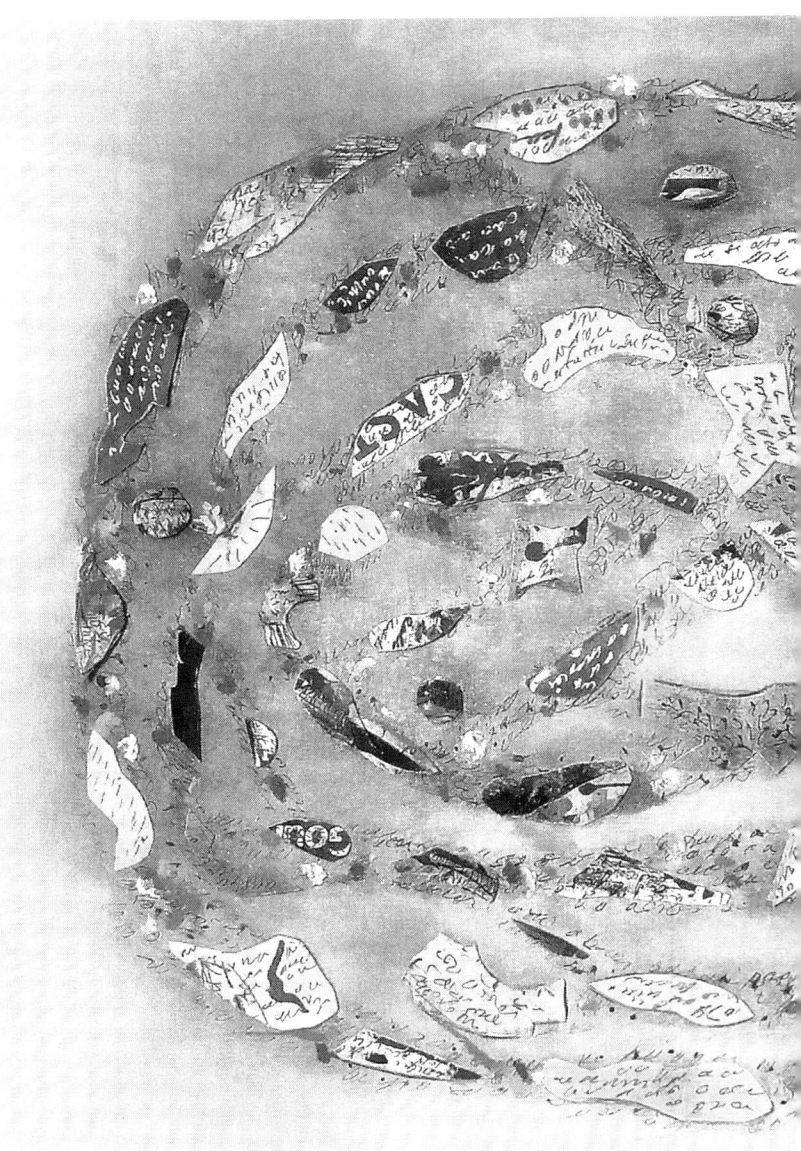

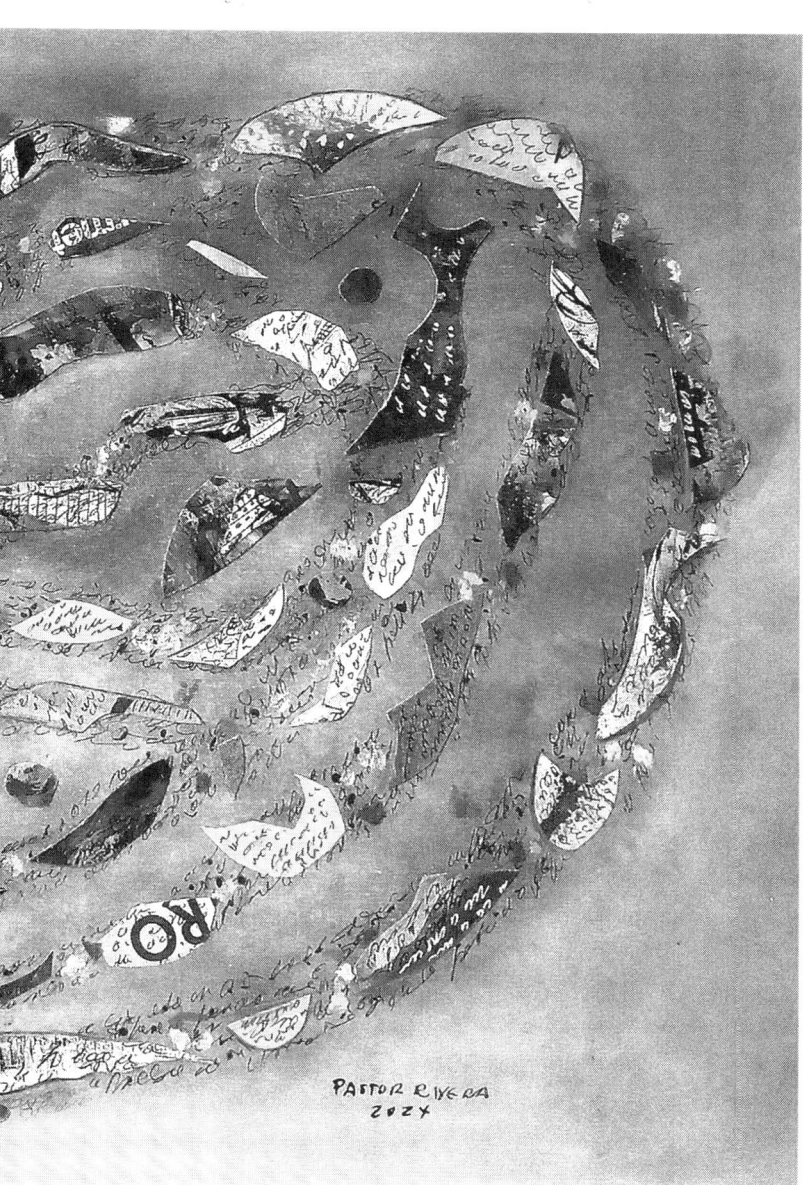

PASTOR RIVERA
2024

Venida del Espíritu sobre Cornelio y los suyos
(Hch 10, 44-48)

Hermano, ¿acaso te sorprende
que el Espíritu Santo se derrame
también entre los gentiles? ¿Somos
dueños o servidores del Señor?

El cuarto día el Señor Dios creó
las lumbreras mayores para separar
luz de tinieblas rigiendo día y noche
y todos los días cumplen su función
sin distinguir entre unos u otros
buenos o malos según sus hechos.

La Palabra, como lluvia primaveral
fecunda el alma del que escucha
y acepta la verdad de su mensaje,
transforma su vida conformándola
a la única senda que concede fuerza
que hace fructificar al leño seco
no al uno sino al ciento por uno.

Los discípulos del Señor
misionan por amor
evangelizan por amor
bautizan por amor
en todo tiempo y lugar
alaban y glorifican al Amor.

Y mandó bautizarlos en el nombre de Jesucristo. Entonces le
rogaron que se quedara unos días con ellos.

Pedro justifica su conducta
(Hch 11, 1-18)

Ay de la humana debilidad
hace ver máculas que son
en realidad miopía propia.

¿Quién eres tú para juzgar
—ni yo, ni aquel, ni nadie—
lo que el Espíritu concede?

Las pisadas de Dios purifican
los caminos por los que ande
nada le está vetado ni alejado
sorprende a crédulos o incrédulos
porque Él recoge todas las flores
elegidas sin importarle el campo
paciente labriego cuida su tierra
con el mimo de un padre justo
derrama su fecunda misericordia
hace brotar agua de piedras
para que verdeen las plantas
y así den fruto abundante.

No es impuro lo que alimenta
sino lo que destruye al hombre,
Pedro debe expandir la Nueva
con absoluta fidelidad a ella,
los usos y las costumbres son eso
su abuso ideologizado lleva a
algo que ya no puede usarse
o aquello que nos esclerotiza.

Dejemos la libertad al Espíritu
para que sorprenda con su fuerza
desde la fidelidad a la revolución
pues el Reino no tiene límites
abarca a todo el universo creado;
alegrémonos que se inscriban
en el libro hombres y mujeres
ayer alejados y hoy cercanos.

Oyendo esto, se calmaron y alabaron a Dios diciendo: «Así
pues, también a los gentiles les ha otorgado Dios la conversión
que lleva a la vida».

Origen de la Iglesia de Antioquía
(Hch 11, 19-30)

Entre los muros de una cisterna
se recoge el agua que cabe en ella
estará limpia, fresca y protegida
mas estancada no podrá expandirse,
para renovar su frescura debe
ser compartida y aprovechada
al tiempo que entra agua nueva,
nuevos depósitos deberán alzarse
para que sus beneficios se compartan
peritos de la palabra aplomados
dirigirán la rectitud del nuevo dique.

No se pudre el agua que corre libre
al contrario, cuando se derrama
por un campo árido lo fecunda
hace brotar las semillas dormidas
vigorosas nuevas plantas se alzan
dando frutos y semillas renovadas,
felices agrimensores que parcelan
nuevos campos de tierra fértil
ellos verán prosperar a los hombres
que confiarán en sus palabras.

Dichosos los pastores que guían
a sus rebaños a mejores praderas
los más felices son los que recogen
animales descarriados con ternura
cargándolos en sus hombros fuertes
evitando el ataque de lobos
negros como noche sin luna
que esperan pacientes a las ovejas.

Ayudarán a los otros ovejeros
sin importarles el tiempo
tienen un Maestro que les dio
a beber de su propio pecho
fuente de la que mana vida
sangre y agua, eterna y santa.

Los discípulos determinaron enviar una ayuda, según los
recursos de cada uno, a los hermanos que vivían en Judea; así
lo hicieron enviándolo a los presbíteros por medio de Bernabé y
de Saulo.

Conclusión de la primera parte. Prisión y huida de Pedro

(Hch 12, 1-19)

Inicuos reyezuelos gobernantes
servidores del emperador caído
sin escrúpulo sacrificarán inocentes.

Tú pretendes retener el poder
aquel busca acallar al Señor
y a cuantos discípulos encuentre,
sacrificó a Santiago hermano de Juan
aprisionó a Pedro en su mazmorra
le puso hierro y custodia armada,
pero nada es imposible para Dios
cuyos ángeles obedecen al punto.

No permitirá el Señor Dios que ninguno
de los suyos sea cruelmente inmolado
si no es para otorgarle el premio mejor.

Es difícil creer el portento que ves
mas cada día, en cada minuto, es
porque en cada respiración de Dios
hay un milagro que nos asombra.

No hay cárcel que retenga el Espíritu
como no es posible detener al Sol
la Palabra que fue, es y será vive
ella misma derrotó a la muerte
vive y se expande, no en un *big bang*
imaginario que el hombre construye
sino como realidad de su naturaleza
inconmensurable e incognoscible.

Pedro como constructor de la Iglesia
debía seguir misionando sin descanso
no impedirán el mandato recibido
de su inmensamente amado Señor
Maestro y Hermano por adopción.

Herodes lo hizo buscar y, al no encontrarlo, instruyó proceso a
los guardias y los mandó ejecutar. Después Pedro bajó de Judea
a Cesarea y se quedó allí.

Muerte de Herodes
(Hch 12, 20-23)

Nadie puede subir más allá del pináculo
sino es aquel quien lo levantó en alto.

No hay sonido tan sublime que no acalle
quien creador de gargantas es la Voz.

Los ídolos de hierro no abren sus bocas
si el fuego no las convierte en arrabio.

Insulta quien se otorga la autoridad
de ser él la voz por la que se expresa
el mismo Dios clemente y compasivo,
ganándose la cruel muerte establecida
para el ladrón sacrílego y despiadado,
porque solo hay un Dios, Uno y Trino
Señor de lo visible e invisible.

Hubo y hay muchos Herodes gobernantes
pero es el príncipe de los caídos quien ríe
cuando se exclama «voz de Dios no de hombre»
pues serán miríadas de rebaños las que
por esa voz serán llevadas al precipicio
cuyo fondo no es un valle sino el fuego.

Miles, millones de almas sacrificadas
en el altar de la egolatría indecente
por imbéciles mandatarios irritados.

De improviso, un ángel del Señor lo hirió por no haber dado
gloria a Dios, y expiró, comido por los gusanos.

Regreso de Bernabé y Saulo
(Hch 12, 24-25)

Las palabras proféticas son ahogadas
por el ruido ensordecedor del balar
mesiánico de paladines ideologizados,
la humildad ya no adorna al humano
considerada defecto más que virtud
pilares de arena sostienen edificios
más altos y estilizados hacia el cielo
intento inconsciente de rehacer Babel
sin recordar la lección del Génesis.

En selva tupida de hormigón armado
no puede nacer ninguna rosaleda
ni azucenas de blanco inmaculado
jamás enraizara semilla que de fruto
ni correrán libres rebaños de ovejas
no se precisan labriegos ni pastores.

¿Qué quedará en unos cientos de años?
¿Dónde estarán las modernas ciudades?
¿Existirán el hombre y la mujer humanos?
Mas queda la esperanza confiada en Dios.

Señor, con tu ayuda el trigo crece
lo que fue desierto hoy es huerta
hiciste de la piedra brotar agua
fuente fresca que nunca se seca.

Cuando cumplieron su servicio, Bernabé y Saulo se volvieron a
Jerusalén, llevándose con ellos a Juan, por sobrenombre Marcos.

Testimonio hasta el confín de la Tierra (13-28) Comienzos y dificultades. La Iglesia de Antioquía envía a Bernabé y Saulo

(Hch 13, 1-4)

Dios omnipotente y eterno
eres misericordia y amor
con tu Luz destruyes oscuridades,
permítenos ser voceros de tu Palabra
sanadora y santa que siempre fue y será
déjanos servirte con nuestro ser
por voluntad creado a tu imagen.

Nada fuera de ti puede tener paz
absoluta, incondicional y gratuita
regalo inmenso de tu Hijo Único
al que sin embargo le fue negada,
cerramos los oídos a su dulce voz
manipulando lo que Él pronunció
exacerbamos a la jauría humana
para conseguir la condena injusta.

Te atamos a una columna de flagelo
azotándote hasta no dejarte piel
nos mofamos con la clámide purpura
para coronarte con trenza de espinas
logramos colgarte de un madero
cuyo título «Iēsus Nazarēnus Rex Iuadeōrum»
era ciertamente verdad anunciada
te clavamos con tres clavos de hierro
dándote de beber hiel y vinagre
para terminar abriendo tu pecho

cortando tu corazón inmaculado
con una imperial lanza romana;
se apagó el Sol y brilló una Estrella
resucitaste al tercer día como dijiste
y comprobó Tomás ante hermanos.

Señor, accede a que anunciemos tu Nombre
para que toda rodilla en la Tierra se doble
dando gloria y alabándote eternamente
pues nada hay fuera de ti: ni la nada.

Entonces, después de ayunar y orar, les impusieron las manos
y los enviaron. Con esta misión del Espíritu Santo, bajaron a
Seleucia y de allí zarparon para Chipre.

Actividad en Chipre

(Hch 13, 5-12)

El que no conoce la Palabra
no sabe lo que es Luz del sol
camina entre espesas nieblas
que impiden ver la realidad.

¡Ay de aquellos que impidan la Luz
les sobrevendrá la ceguera del alma!
Los que son ciegos de nacimiento
pueden tener más luz que los videntes
pero los que por su maldad se cieguen
jamás tendrán la posibilidad de ver
si con todo su ser no se arrepienten.

Cuidado con enfrentarse a Dios
no podrás jamás salir victorioso
pues este es un guerrero valiente
ante inocuos pretendientes; celoso
que no dejará sin castigo la malicia.

Hubo y hay falsos profetas y magos
que se oponen a la Iglesia Santa
porque ella se encarga de misionar
proclamando en todo tiempo y lugar
la única Palabra salvífica verdadera,
el seguro camino que lleva al Reino
la fe que nos fue dada por el Señor.

Siempre hubo enemigos dentro y fuera
atentos más a sus recias panzas que a la fe
hombres que imposibilitan su expansión
con argumentos peregrinos y torticeros

rebosan todo tipo de mentiras y maldades
son contumaces en su actitud y hechos
por eso no pueden esperar misericordia
ni en su corto tiempo, ni en el largo futuro:
eternamente cegados a la gracia de Dios.

Entonces el procónsul, viendo lo sucedido, creyó, impresionado
por la doctrina del Señor.

De Chipre a Antioquía de Pisidia
(Hch 13, 13-15)

Donde podáis anunciar, ¡anunciad!
id al norte, al este u oeste, al sur
que no quede lugar sin la Palabra,
no seáis fríos ni prudentes, ¡hablad!
contad lo que visteis u os contaron
lo estudiado o inspirado, lo sentido
vosotros sois pregoneros del Señor
no tenéis derecho a estar callados.

Aunque amenace mar gruesa, ¡id!
tomad la nave que surcará el mar
navegad de isla en isla, costa a costa
recorredlas sin dejar nada sin hollar
que vuestra huella deje perfume
la dulzura amorosa de la bondad
curad heridas, expulsad demonios
pero sobre todo instaurad la paz
el regalo que Dios Señor nos dio.

«Hermanos, si tenéis una palabra de exhortación para el pueblo,
hablad».

Predicación de Pablo a los judíos
(Hch 13, 16-41)

Hay una sola verdad
fuerte como el granito
dulce como la miel
golpea a los soberbios
levanta a los caídos
alimenta a los hambrientos.

El anuncio se cumplió
hasta la última tilde escrita
se prometió a los padres
se realizó en los hijos
y pronto llegará el Reino.

El Señor de vida en plenitud
no podía conocer corrupción
la muerte no tiene el poder
de capturar lo que es Santo,
el odiador no triunfará siempre
Dios nos ama hasta el extremo
Señor de lo visible e invisible.

Hay intérpretes que se creen reyes
esclerotizan la fe hasta ahogarla
en nombre de la pureza, ensucian
para explicar borran las palabras
rellenando los huecos con las suyas,
el árbol necesita la poda de ramas
que con el tiempo enfermaron
antes de que la infección lo seque
haciéndolo inservible para alzar
la cruz salvífica del Señor y Dios.

Hay sacerdotes deístas por arrebato
si no les sirve el Dios al que sirven
el Señor intentará que rectifiquen
incluso les ofrecerá su perdón
mas es difícil renunciar a oropeles
honores, prebendas y banquetear;
al final tendrá más valor un viuda
o un huérfano pobre que la mitra.

«Mirad, despreciadores, asombraos y escondeos, porque en
vuestros días yo voy a realizar una obra tal que no creeríais si
alguien os la cuenta».

Rechazo de los judíos
(Hch 13, 42-52)

Solo quedó en una silla de aeropuerto
el regalo abandonado que les confiaron
se hartaron de favores y dádivas:
muchos sacarán provecho del desprecio.

Recorrer la circunferencia terrestre
solo con tus fuerzas y voluntad
por mucho que corras no podrás
siempre habrá un lugar para ahogarte.

La primavera trae perfume de rosas
explosión de infinitos colores vivos
debes cuidarte del frío nocturno
no sea que te acatarres con fiebre.

Con luz brillante no hay oscuridad
sin embargo los lucífugos intentarán
mas no escaparán de la Luz de Luz,
traicionan los que niegan la verdad
impidiendo el triunfo de la justicia
pero no evitarán el último juicio,
hombres o mujeres, judíos o gentiles
hasta el confín de la tierra conocida
están llamados a salvación cierta
unos la rechazarán con ilógica rabia
otros la tomarán con alegría innata.

No hay presa que detengan el curso
del río nacido del pecho traspasado
del Hijo Único del Dios Altísimo
su fuerza arrastrará las barreras

que el hombre insensato levante,
su agua fecundará los fértiles campos
donde brotarán semillas del pueblo
inscrito en el libro desde el principio.

¡Ay de aquellos que intenten impedir
el curso del río con sus propias manos!

Estos sacudieron el polvo de los pies contra ellos y se fueron de
Iconio. Los discípulos, por su parte, quedaban llenos de alegría
y de Espíritu Santo.

Evangelización de Iconio

(Hch 14, 1-7)

No se ara fácil la dura tierra reseca
será necesario que la fina lluvia
poco a poco ablande los terrones
facilitando el trabajo del labrador
que plantará semillas a su tiempo.

Muchos obreros fueron enviados
a cultivar el campo asilvestrado
de ellos, bastantes, murieron
pero plantaron buenas semillas
que dieron frutos abundantes.

Pero también hubo quien plantó
semillas de discordia asfixiante
que impiden desarrollar flores
pues los brotes fueron ahogados
cuando comenzaban a verdecer
naciendo jóvenes y vulnerables.

Separar el grano bueno del malo
no es tarea sencilla ni atropellada
el fuego purifica pero no alimenta
ningún justo debe ser condenado
por eso la trilla debe ser perfecta.

Hoy como ayer, hay quien huye
por creer en Dios omnipresente
y hay quien persigue y amenaza
por creer en un Dios castrado
sin embargo hay un solo Dios
clemente y misericordioso.

Hoy como ayer, judíos y griegos
discuten, riñen y el diablo se ríe

al darse cuenta de la situación, huyeron a las ciudades de
Licaonia, a Listra y Derbe y alrededores, donde se pusieron a
predicar el Evangelio.

Curación de un tullido en Listra

(Hch 14, 8-28)

Hacer levantar a un tullido
para que camine por sí solo
es prodigio que hace admirar
incluso deificar simples hombres
pero no le gusta a la gente
que alguien impida festejar
aunque sea con la verdad
pues el hombre es voluble
los hechos pronto se olvidan
tapados con vanas palabras.

Más fácil es creer falacias
que milagros patentes
más sencillo creer en un panteón
que jamás dejará de crecer
que en un solo Dios verdadero.

Hasta el final de la historia humana
habrá discípulos del Señor crucificado
que seguirán difundiendo su Palabra
hasta verter su propia sangre en ello
pues la corona prometida es eterna
y el amor recibido infinito.

Tal vez hoy nos apartemos lejos
más no cejaremos de estar cerca
misionar es mandato cuya dulzura embriaga,
en tierra fértil o árida, sin descanso ni desmayo
los obreros sembrarán de sol a sol
y recogerán cosechas abundantes
hasta que regrese su Señor y Dios.

Al llegar, reunieron a la Iglesia, les contaron lo que Dios había hecho por medio de ellos y cómo había abierto a los gentiles la puerta de la fe. Se quedaron allí bastante tiempo con sus discípulos.

El concilio de Jerusalén
(Hch 15, 1-35)

El yugo es suave y la carga ligera
—amar a Dios y a los hermanos—
lo demás viene dado por este
canon sencillo y dulce de cumplir.

Pesados fardos han sido tejidos
a lo largo del tiempo por hombres
cuya rigidez les impide avanzar
mas Dios es mucho más que eso
siempre en continuo movimiento
para que el hombre alcance su Reino.

El Padre creador no marcó fronteras
ni hizo distinciones por raza o color
fue el hombre con rebeldía luciferina
quien fue tentado y tentó mintiendo
con ello obtuvo rechazo y división.

Dios sabe dar señales de voluntad
es él quien consagra y hace puro
ningún creyente puede ahormar
lo que el mismo Espíritu ha dado
¿acaso somos jueces del Señor?

Él es la libertad, la luz y la razón
guía todos los avances humanos
corrige los desvaríos de los hombres
no tiene reloj pues él es el tiempo
actúa de forma sencilla y sublime
dará una cuerda si quiere un nudo
unirá lo dispar en un mosaico infinito.

Quien se acerque al Señor debe saber
que entra en el mundo del amor y la paz
donde no hay oscuridad porque es luz
brillante que irradia la belleza perenne
de su rostro y donde su Nombre
es por siempre bendito y alabado.

Por su parte Pablo y Bernabé permanecieron en Antioquía,
enseñando y anunciando, junto con otros muchos, la Buena
Nueva, la palabra del Señor.

La gran misión. Misión en Macedonia y Acaya. Pablo y Bernabé se separan

(Hch 15, 36-41)

Frágil es el hombre cuando nace
mientras crece y hasta su muerte
no hay hombre o mujer sin defecto
con filias y fobias, somos humanos
tomamos decisiones equivocadas
mas no es bueno empecinarnos.

Al separamos somos más débiles
pero abarcamos más espacio
confiados al Señor una decisión mala
puede devenir en oportunidad buena,
hay muchas sendas pero un único camino
que solo alcanzaremos si seguimos
al guía que anda seguro con su cayado.

Perdonemos siempre al hermano
no juzguemos y no seremos juzgados
miedo o soberbia necesitan disciplina
fuerza y constancia para corregirlas
y aun así muchas veces vencerán,
solo el amor infinito a Dios puede
lograr rectificar ese pecado humano.

Pablo y Bernabé, discuten vehementes
rompen la armonía de su trabajo
a uno su fe le impelía a ser enérgico
al otro la misma fe le pedía ser cariñoso
ambos actuaron por amor a su Señor

ambos servían fielmente a su Señor
ambos cumplieron lo que su Señor
había mandado a sus discípulos
¡id y proclamad el Evangelio!

y encomendado por los hermanos a la gracia del Señor, partió y
fue recorriendo Siria y Cilicia, confirmando a las iglesias.

PASTOR RIVERA
2023

Pablo toma a Timoteo como compañero

(Hch 16, 1-3)

La fe es un gran tesoro
es la semilla que planta el Señor
precisada de dedicación absoluta
pues siempre habrá pequeños brotes
de cizaña que deben ser arrancados.

Nada nos debe ser dado por supuesto
ni la firme fe puede descuidarse
pues con la mínima transacción
se debilita y comienza a marcharse,
no hay estética que justifique lo sagrado
ni costumbre que obligue al creyente
sino creer en el único Nombre Santo.

Quien pretenda constreñir a Dios
por razones ajenas a su mandato
está equivocado aunque sea Pablo.

Pablo quiso que fuera con él y, puesto que todos sabían que su padre era griego, por consideración a los judíos de la región, lo tomó y lo hizo circuncidar.

El Espíritu le indica que se dirija a Macedonia

(Hch 16, 4-10)

Con disciplinado esfuerzo lograrás
que el silencio se adueñe de la mente
así podrás escuchar la Palabra nítida
ella te indicará dónde debes dirigirte
no dónde te gustaría encaminarte.

En las altas montañas no hay caminos
la nieve perpetua cubre sus laderas
sin embargo habrá que coronarlas
si quieres alcanzar el valle escondido
donde abundan las flores y la paz.

Déjate atrás el manto húmedo
empapado de mundanidad humana
revístete con el abrigo del Amor
aquel que fue tejido a lo largo de siglos
por quien es el dueño del espacio,
solo así podrás soportar los rigores
del camino que te lleva a la puerta
que separa humanidad de santidad
por donde solo los justos entrarán.

Confirma a los hermanos que van
peregrinando hacia el mismo destino
reparte la alegría del enamorado
cura las heridas que lobos causaron
obedece siempre al Señor de todos
ya lo mandase con un grito o sueño
o lo oíste en el perfume de rosas.

Apenas tuvo la visión, inmediatamente tratamos de salir para Macedonia, seguros de que Dios nos llamaba a predicarles el Evangelio.

En Filipos
(Hch 16, 11-15)

Abre tu corazón a la belleza
inmarcesible de la verdad
déjate inundar por la paz
ella te concederá felicidad,
elimina el polvo del camino
recorrido hasta encontrar
el manantial de agua y sangre,
capta el susurro del arcano
traído por el suave céfiro
escucha nítida su Palabra
continente de sabiduría
para alabar a Dios Señor
en espíritu y verdad.

Permite que el Espíritu obre
según su voluntad omnisciente
él es quien elige, no lo eligen
conoce los caminos y veredas
acantilados y peligros ocultos
y nunca nunca deja a los suyos
abandonados a las alimañas.

«Si estáis convencidos de que creo en el Señor, venid a
hospedaros en mi casa». Y nos obligó a aceptar.

Pablo cura a una muchacha y es encarcelado
(Hch 16, 16-40)

Cuando Jesús resucita a muertos
delante de testigos para confirmarlo
algunos creen pero otros no creen.

Cuando Jesús da la vista a ciegos
como ellos mismo testificarán
algunos creen pero otros no creen.

Cuando Jesús cura a los leprosos
ante los ojos sanos maravillados
algunos creen pero otros no creen.

Cuando Jesús libra a un pobre hombre
encadenado por legión demoniaca
que lanzará a una piara de cerdos
algunos creen pero otros no creen.

Cuando Jesús alimenta a multitudes
de hombres y mujeres hambrientos
algunos creen pero otros no creen.

Cuando Jesús expiró en la cruz
el sol se ocultó, la tierra tembló
el velo del templo se desgarró
ante la mirada atónita del pueblo
algunos creen pero otros no creen.

Cuando Pablo en nombre de Jesús
libera a una sirvienta poseída
sus dueños no creen sino acusan,

ante la fuerza de Dios tembló la cárcel
solo se convirtió el carcelero y su casa
a los lictores no les importó el símbolo
sino los papeles escritos por hombres.
Dios riega sin prisa pero implacable.

Ellos salieron de la cárcel y fueron a la casa de Lidia y, después
de ver y animar a los hermanos, se marcharon.

En Tesalónica y Berea

(Hch 17, 1-15)

Galopan palabras entre agujas de pino
acompañadas por el polen fecundante
suben y bajan laderas griegas
con la calidez del sol primaveral
abriendo las corolas de las flores
en explosión de color y perfume.

El olor de santidad no es siempre
agradable para quien está ofuscado
en no abrir las puertas para ventilar,
Pablo anuncia al Mesías resucitado
con la fe que Él le ha enseñado
hombres y mujeres captan la novedad
anunciada a sus padres por profetas
recogidas en los rollos de la Torá
creen y por creer se salvan,
mas hay quien rechaza y agrede
a quien solo va armado con palabras
ellos mismos se niegan la vida.

Se esparce la semilla que dará fruto
el tiempo pasa y el hombre cumple
sin importar lugar ni impedimento
se misionará sin descanso porque
lo importante no soy yo sino Él
que siempre camina conmigo.

Los que conducían a Pablo lo llevaron hasta Atenas, y se
volvieron con el encargo de que Silas y Timoteo se reuniesen
con él cuanto antes.

En Atenas
(Hch 17, 16-34)

Testifican los apóstoles que vivió
enseñó, murió y resucitó Jesucristo
que siendo Hijo de Dios era Dios mismo
Él, comprendiendo la debilidad humana,
dejó al Espíritu proveniente de Padre e Hijo
para que fuera iluminando nuestra mente
con el conocimiento de Dios, Uno y Trino.

Mas para el hombre sigue parte del misterio
pues la grandeza y magnificencia de Dios
se nos revelará totalmente cuando estemos
ante su presencia y en el reino santo.

Sigue en parte teniendo sentido el altar
que los atenienses en su ignorancia alzaron
al dios desconocido que ya se había mostrado
pero alguna de sus facetas son aún recónditas.

Juntemos los dioses creados por el hombre
preguntémosles un misterio que importe
su respuesta será silencio vacío e inmenso.

No, Dios no necesita la imaginación del hombre
ni precisa de bellos santuarios ornados
el universo es su hermoso tabernáculo,
si realmente quieres conocerlo sigue a Jesús
ama al Verbo, obedece a la Palabra y cree
en Dios Padre, su Hijo Unigénito y el Espíritu Santo
ahí está la pregunta y su respuesta: la Verdad.

Algunos se le juntaron y creyeron, entre ellos Dionisio el areopagita, una mujer llamada Dámaris y algunos más con ellos.

En Corinto

(Hch 18, 1-16)

Se puede rechazar el alimento
que nutrirá la inmortal alma
inconscientes de sus cualidades
aunque su verdad fuese probada
es ciego quien no quiere ver
para negar siempre hay excusas
razones que justifican la sinrazón.

En Corinto no se habló de nombres
sino del Nombre sobre todo nombre
no se discutió de la ley sino de la fe
de la fuente que toda ley proviene
no les interesaba verdad sino oficio
pues la Verdad define el sentido
de un texto escrito por los profetas
que es guía de hombres en su historia
oscurecido por el polvo del tiempo
y la grasa de los dedos interesados.

Jesús no es rechazado por ser Él
sino porque no les ha interesado jamás
el Él, sino el nosotros, más aún el yo,
no hay interés en un Dios presente
que actúa ante la gente con su poder
sin cortinas que oculten el tabernáculo
con la sutileza del amor imperecedero,
a ese Dios real, carnal y vivo, anteponen
las rígidas y vacías estatuas de bronce
llámense derechos de género o clase
patriarcados o ancestrales tradiciones,
pero Dios siempre estará con aquellos

que le confiesen con la boca y lo amen
para proteger su vida y su trabajo
porque suyos son pueblos numerosos.

Entonces agarraron a Sóstenes, jefe de la sinagoga, y le dieron
una paliza delante del tribunal, sin que Galión se preocupara
de ello.

Regreso a Antioquía

(Hch 18, 18-22)

Gracias, Señor, por enviar tus apóstoles
que den prueba de tus santas palabras
en todo lugar, con o sin tormentas
para salvación de todos los hombres

pues Dios y Señor tuya es nuestra vida
esperanza en la alegría sin límite
en la paz que tú mismo nos dejaste
con abundancia jamás esperada

porque Dios tu gran amor permanece
sin duda cielo y tierra pasarán
pero tú siempre estarás al alcance

de hombres y mujeres que anunciarán
que Jesús es el Hijo de Dios Padre
que con toda grandeza volverá.

Desembarcó en Cesarea, subió y saludó a la Iglesia y bajó a
Antioquía.

Misión en Éfeso. Apolo
(Hch 18, 23-28)

Peregrino que caminas por senda
con estrellas hacia el valle florido
no te pares ni entretengas mirando
a un lugar distinto de tu vereda

no olvides lo que de Dios aprendiste
dicho por discípulos y profetas
recogido en las Escrituras Santas
todo cuando dijo el Señor viviente

marcha alabando con canto radiante
el gran amor sin límite de aquel
que a su Padre es en extremo obediente

ves al templo y explica la verdad de Él
Mesías, Hijo de Dios omnisciente
por ellos condenado a muerte cruel.

Una vez llegado, con la ayuda de la gracia, contribuyó mucho
al provecho de los creyentes, pues rebatía vigorosamente en
público a los judíos, demostrando con la Escritura que Jesús es
el Mesías.

En Éfeso. Los discípulos de Juan
(Hch 19, 1-7)

Fiel te diriges hacia la aurora
que anuncia al verdadero sol
caminas envuelto en la niebla
que empapa tus vestiduras
haciéndote tiritar de frío,
mas esperas que los rayos
que el astro sin sombra provee
penetren hasta el mismo tuétano
calentando tu vida dulcemente.

Hay muchas promesas y una verdad
solo si te mantienes salvo de espinas
alcanzarás la ciudad de doce puertas
custodiadas por arcángeles celestes
en sus torreones los ángeles vigilan
pues en su interior está el paraíso
creado en el origen por su Señor.

La voz que clamaba en el desierto
anunció que él no era el esperado
era el siervo que barre la calzada
para que transitase la grandeza
jamás vista por el ojo humano,
precursor de quien era la Vida
bautizaba con agua lo que sería
después en Espíritu y Verdad

cuando Pablo les impuso las manos, vino sobre ellos el Espíritu
Santo, y se pusieron a hablar en leguas extrañas y a profetizar.
Eran en total unos doce hombres.

Evangelización de Éfeso
(Hch 19, 8-10)

No te obstines en evitar el amanecer
aunque lo hagas no evitarás el Sol
la venda más fuerte y tupida caerá
se romperá de tan vieja y gastada
y entonces los rayos te cegarán.

La verdad no deja de serlo por negarla
con el tiempo llanamente se impondrá
la oscuridad nada puede contra la Luz
no existe ante ella caverna tenebrosa
que no pueda convertirse habitáculo
seguro contra todo peligro acechante.

Busca en la verdadera escuela el saber
que se esconde a sabios y entendidos
pero se revela a los sinceros de corazón
que no buscan su lucimiento sino la fe
fuente de Sabiduría imperecedera.

Esto duró dos años, y así todos los habitantes de Asia, lo mismo
judíos que griegos, pudieron escuchar la palabra del Señor.

Dios acredita la obra de Pablo
(Hch 19, 11-20)

No hay magia sino gracia
no hay curación sino dación
no hay búsqueda sino encuentro
no hay elección sino electo.

A Dios se le busca pero es él quien te halla
por mucho que se proclame no hay verdad
sin ser revelada por el mismo Señor Dios,
amante que exige donación incondicional
confianza absoluta en que su amor colma
cada partícula de nuestra vida con su paz
fuente de toda alegría deseada y pedida.

A cada cual se le entrega una habilidad
que deberá ser cultivada con pasión
pues ella es una tesela de un mosaico
cuya grandeza completa solo ve el cielo,
ay de aquellos que crean ser los mejores
son una criba que intenta acarrear agua
para almacenarla en su propia tinaja.

Si Dios quiere la montaña se abajará
si Dios quiere la montaña se alzará
si Dios quiere morirás y resucitarás,
omnipresente nada se le escapa
omnisciente nada se le oculta
omnipotente nada le es imposible,
Señor perfecto no manda trabajadores
sin proveerles de herramientas justas
refrendará lo que sus fieles ejecuten.

Así iba creciendo poderosamente la palabra del Señor y ejercía
su eficacia.

Planes de viaje

(Hch 19, 21-22)

Roma, en tus calles acogiste santos
centro del mundo antiguo y del naciente
Pablo irá para prédica radiante
ante aquellos que seguían incrédulos.

Por muerte de apóstoles confesores
hermana de Jerusalén celeste
no pensó la Babilonia terrestre
que sería la cátedra para fieles.

Luchada hasta casi su destrucción
demostró que todo es simple ilusión
que para el hombre atrae perdición

mas la mano de Dios está sobre ella
confirmando con sus actos que es bella
por su Palabra es la elegida estrella.

Envió a Macedonia a Timoteo y Erasto, dos de los que le
asistían, mientras él se quedó algún tiempo en Asia.

Testimonio de Pablo encadenado. Viaje a Jerusalén por Macedonia y Acaya. Revuelta de los orfebres

(Hch 19, 23-40 / 20, 1-6)

Aún hay orfebres de la palabra
que levantan templos de plata
escultores de dioses oraculares
cuya voz solo ellos representan,
ya no es barroco sino plancha
con lo que adornan sus atrios.

Las noches de pasión son diarias
olvidan votos o promesas sagradas
no rehúsan banquetes ni honores
aunque sepan que son epulones
hacedores de pesados fardos
que cargan en hombros sencillos
jamás se mirarán en el espejo que
muestre el rostro real de su dueño
pues no es el de belleza sonriente
sino la repulsiva mascara del mal.

Vosotros no sigáis su ejemplo
sino las Escrituras que susurran
directamente al corazón del hombre
seguid a maestros que fueron fieles
al único Maestro y Señor de todos,
id a Grecia, a Asia, a los puntos cardinales
proclamad a tiempo y destiempo
la verdad no cambia ni acaba
amaos unos a otros y reinará la paz
obedeced la ley del amor que enseña

el Paráclito que el Señor Jesús nos dejó;
confesad que hay un solo Dios verdadero
Uno y Trino, Padre, Hijo y Espíritu Santo.

Nosotros por nuestra parte, al terminar los días de los Ácimos,
nos hicimos a la mar en Filipos y en cinco días nos unimos a
ellos en Tróade, donde nos detuvimos siete días.

En Tróade

(Hch 20, 7-12)

Eutiquio se durmió pero Pablo lo despertó
antes de partir el pan de la mesa del Señor.

Si el sueño te vence no esperes a caerte
levántate y ora que es el modo vigilante
de evitar caídas en fatales tentaciones
es muy paciente quien quiere atraparte
en una cabezada baladí pero desviada.

La vida terrestre es un don que se acaba
pero puede renovarse si Dios así quiere,
la celeste es un don que nunca termina
es el premio que Dios da a sus amigos,
ser merecedores de la amistad del Señor
es la aspiración de los humildes y fieles
cuya bondad resiste la tentación egoísta.

El camino de la salvación es suave y llano
la carga es ligera y está bien amarrada
intentarán desviar, cortar y arañar
pero el norte es luminoso y brillante
las zarzas marginales serán arrancadas
fácilmente por la acción de fina lluvia
que en primavera produce la Palabra
estación de la Luz y de preciosas flores
donde los gorjeos son dulce melodía
para cantar alabanzas a quien amas
mientras partes el Pan que alimenta
no solo el cuerpo sino el alma.

Por lo que hace al muchacho, lo trajeron vivo, con gran
consuelo para todos.

De Tróade a Mileto

(Hch 20, 13-37)

No esperes ningún salario
si no cumples tu trabajo
no hay indignidad en trabajar
sí la hay en robar a los demás
en pedir sin querer compartir.

Siempre hubo lobos en el rebaño
con pieles del cordero degollado,
aisladlos, proteged la congregación
sanad el cuerpo para evitar gangrena
pero no los juzguéis: ya serán juzgados.

Solo hay un este por donde amanece
no os desvíes del camino de la Luz
aunque haya eclipses y nubarrones
piedras cortantes y fieras manadas
no desistas ni cambies pues al final
siempre vencerá el Sol con su calor.

Humildad es la virtud del creyente
sin soberbia no hay egoísmo
núcleo de toda crueldad y pecado,
todos nacimos y moriremos iguales
sin distinción de clases ni suertes
desnudos y sucios, sin pañales ni oro
que la vanidad no ciegue la realidad
ni la envidia destruya el amor,
que tus orejas escuchen las voces
de tantos hermanos necesitados
contén la lengua y contendrás la mente
que tus labios viertan leche y miel

consuela y serás consolado a colmo
y no olvides que eres siervo no Señor
para eso recibiste la conversión

lo que más pena les daba de lo que había dicho era que no
volverían a ver su rostro. Y lo acompañaron hasta la nave.

De Mileto a Jerusalén

(Hch 21, 1-26)

Sobrepasa los límites el buceador
que quiera alcanzar la mejor perla
el viajero escala la cima más alta
para tener mejor visión del campo,
siempre habrá peligro en el deseo
mas al alcanzar la meta anhelada
palpitará el corazón enamorado;
puede conceder muerte pero es vida.

Familiares y amigos desean que vivas
apaciblemente entre los tuyos seguro
pero soñaste paraísos llenos de flores
pregustaste los manjares del banquete
y no renunciarás a nada del cielo.

Los timoratos no son misioneros
ni los conservadores inventarán
no se puede pedir un Reino nuevo
manteniendo el viejo principado.

Quitémonos vestidos viejos y raídos
desnudos podremos sentir el aire
que desde los cuatro puntos cardinales
sopla desde el principio de los tiempos,
para vivir solo necesitamos la Palabra
confiarse a ella sin armaduras humanas
tal vez el de los fogones envíe fuego
mas no vencerá el soplo fresco del viento.

Pablo sabe que el camino ha sido largo
pero que aún queda un buen trecho

no renuncia al encargo recibido
más importante que su bienestar
que su vida; pues sin Él no tiene nada

entró en el templo para avisar cuándo se cumplían los días de la
purificación y cuándo había que presentar la ofrenda por cada
uno de ellos.

Prisión y testimonio ante los judíos. Detención de Pablo

(Hch 21, 27-40)

Seguirás al Maestro hasta el final
pero no te corresponde el cuando
intenta seguir sus huellas y canon
con la fidelidad del amigo amado.

Qué fácil es mentir y manipular
para enardecer a la manada
ya sea para entrar en batalla
o perpetrar una iniquidad,
las injusticias se velan con sedas
tintadas con colores rudimentarios
solo hay que desviar la mirada
del cuerpo injustamente flagelado.

Para el egoísta nada hay sagrado
ni santo que tenga que ser respetado
si no es su minúsculo círculo del ser,
alza con ladrillos de arena un palacio
en el que como onanista retoza
entre sus tesoros apolillados
antes de que lo derribe el viento,
tarde, muy tarde, percibirá soledad
pues nadie hay para desenterrarlo.

No permitáis hablar al inocente
no fuera a decirnos la verdad
provocando incomodidad pasajera,
eliminadlo sin que deje rastro
mas si en la red dejáis cabo suelto
puede escaparse para disertar.

Se lo permitió, y Pablo, de pie sobre las escaleras, pidió silencio con la mano al pueblo. Se hizo un gran silencio y comenzó a hablar en lengua hebrea, diciendo:

Testimonio de Pablo
ante los judíos de Jerusalén
(Hch 22, 1-21)

Con un bisturí rasgaste el velo que
cubría mis ojos impidiéndome verte
fue tu luz la que iluminó mi mente
que como una mazamorra oscura
tenía también grilletes oxidados,
encadenado a pared veía reflejos
otorgándoles el ignorante rechazo
más tozudo cuando más luminoso
con la suficiencia del principiante
no quise escuchar tu paternal voz.

Señor del tiempo que quiso vencer
la resistencia empecinada del niño
con la dulzura del amor sin límites
sin pedir nada más que reciprocidad
restañando heridas autoinfligidas
purificó los cortes y limpió el pus
eliminó las vendas que impedían
que el aire sanara con su caricia
y desnudo se enfrentó a la verdad.

No es posible quedar impasible
ante una dación de tal magnitud
ni seguir un camino sin propósito
no hay convención social suficiente
que la fidelidad al amor no supere,
aceptarás el destino que es tuyo
contra las mareas de la sociedad
dejándote batir contra acantilados
que tú mismo ayudaste a cortar.

Camina penitente con tus hechos
no rechaces ningún golpe ni carga
no busques peligros ni honores
acepta su voluntad sin adornos
rogando sin descanso su perdón.

Pero él me dijo: «Ponte en camino, porque yo te voy a enviar
lejos, a los gentiles».

Reacción de los oyentes

(Hch 22, 22-29)

Difícil es perdonar al ofensor
ni aunque nos diga la verdad.

Cuando no son de los nuestros
los hombres valen menos
si no caminan por nuestra acera
están encaminados al fuego.

Un hombre solo es débil
dos se hacen más fuertes
en jauría serán peligrosos.

La verdad siendo una tiene colores
millones de matices que pretenden
tintarla según su visión interesada
sin embargo sigue siendo única.

Hay un solo creador Dios Trino
cuya realidad jamás muta
y no somos quienes para juzgarle.

¿Es menos delincuente el ciudadano?
Ni compra ni nacimiento determinan
bondad u honradez de las personas
son los hechos crudos sin florituras
que serán bambú o papel de celofán
con el que armar un andamio
para alcanzar el paraíso eterno.

Los que iban a atormentarlo para hacerlo hablar se retiraron
enseguida, y el tribuno tuvo miedo al darse cuenta de que lo
había encadenado siendo ciudadano romano.

Pablo, ante el Sanedrín

(Hch 22, 30 – 23, 1-11)

Para misionar en nombre de Jesús
no hilvanes discursos elaborados
el Espíritu te proveerá las hebras
que no podrán ser contradichas,
guiado sagazmente podrás hablar
ante asamblea que no es propicia
la fuerza del mensaje proviene
de que es el Señor quien lo emite
por medio de la voz del heraldo.

Hay un ángel en cada nacimiento
compañero hasta la fría muerte
nos habla de lo que no vemos
mas sin ver intuimos que es cierto,
cuando somos niños o mayores
percibimos su mano protectora
las advertencias que nos salvan
sin embargo este servidor leal
que está ante el rostro de Dios
actúa siguiendo su mandato.

El trigo muere para dar frutos
es el renacer de la naturaleza
visto por creyentes o increyentes;
los signos anuncian la verdad.

La omnipotencia de Dios es ilimitada
no hay tiempo propicio determinado
pues siempre y en todo lugar, él es,
su fuerza crea y destruye, alza y derriba
nada escapa a su sabiduría eterna

el futuro no es para él ignorado
ya que el libro del universo lo escribió
desde antes del principio del todo.

«¡Ánimo! Lo mismo que has dado testimonio en Jerusalén de lo
que a mí se refiere, tienes que darlo en Roma».

Conjuración contra Pablo

(Hch 23, 12-22)

Cuántas veces el ángel caído
alzará con cuarenta ladrillos
paredes para intentar impedir
que la Palabra sea difundida
y agregue discípulos a la corte
del Rey de reyes y Dios de dioses.

No hay peligro que Dios no prevenga
ni daño a sus amigos que supere
al premio concedido a sus fieles,
nuestros noventa años duran menos
que un amanecer en el Reino divino,
el dolor del inocente es un sacrificio
que el mismo Señor Jesús padeció
él no lo buscó ni provocó, sufrió
y será como fue: puerta celeste.

Si Dios quiere que transites un camino
no hay ejército terrestre que lo impida
ni mano que de su mano te arrebate.

Sedientos e inánimes morirán
aquellos secuaces conjurados
contra servidores del Altísimo,
en su día resucitarán a la vida
pero no para compartir el cielo
sino el fuego eterno del infierno.

Entonces el tribuno despidió al joven ordenándole: «No digas a
nadie que me has contado esto».

Pablo es conducido a Cesarea

(Hch 23, 23-35)

El manto negro de la noche
es cómplice de tu destino
escapas del planeado final,
utilizan agujas de dos puntas
para coser la túnica asignada
a un gran maestro tejedor
que escribe con zumo de limón
sobre un viejo pergamino intacto
a la espera del fuego iluminador.

Guardianes que serán verdugos
—pero no ahora, a su tiempo—
custodian al heraldo de un Señor
—desconocido y crucificado desnudo—
hasta el mismo campo de batalla.

Un hombre puede ganar un ejército
si cree en la bondad de su causa
la honestidad emana un perfume
que atrapa la voluntad humana.

Cabalgas corceles de negras crines
hacia las puertas de tu casa
ni viento, lluvia o pedrisco
aminorarán tu marcha
pues sabes de cierto que
el Esposo allí te aguarda.

«Te oiré cuando vengan tus acusadores». Y ordenó que se le
custodiara en el pretorio de Herodes.

Testimonio de Pablo ante el gobernador Félix

(Hch 24, 1-23)

La pinas del carro de la vida
están unidas por rayos al cubo
del que dependen y sirven
parecen fuertes mas se quiebran.

Morirá el fuerte y el débil
culto o inculto, rico o pobre
nadie escapa del abrazo terreno
ni del descanso de tribulaciones
resucitarán justos e injustos
cada uno con su maleta de viaje
cargada con lo bueno y lo malo
que él mismo fue almacenando
llegará ante la guardia aduanera
para pesar en la fiel balanza
y pagar según lo estibado.

En cada bifurcación que tomaste
elegiste el camino y el destino
fuiste justo o injusto al juzgar
proclamaste o callaste la verdad
odiaste o amaste según tus humores,
priorizando el nosotros o el yo
optaste por glorificar o maldecir
al aceptar o rechazar el Centro
al que por nacimiento perteneces;
sí, hay cielo como hay infierno.

Y dio orden al centurión de que custodiase a Pablo, dejando
que tuviera alguna libertad y que no impidiese a ninguno de los
suyos asistirlo.

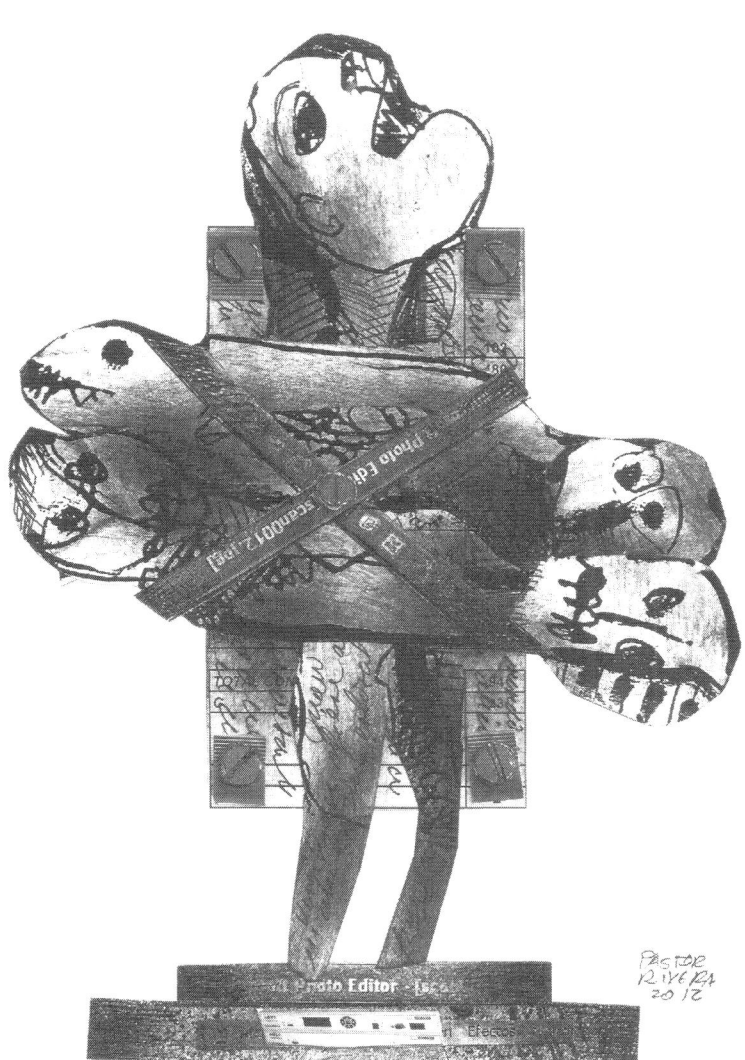

PASTOR
RIVERA
2012

Prisión en Cesarea

(Hch 24, 24-27)

¿Qué vienes a buscar de mí, hermano,
hallándome en una jaula de hierro?
¿Qué buscas peregrino en el camino
si no quieres llegar al puerto cierto?

Atrae la luz porque muestra verdad
al tiempo que te intimida esa llama
que dejará a la vista las debilidades,
titubeas entre la esperanza celeste
y el hoy terrestre con sus ficciones
no se percibe el futuro caminando
solo el polvo de la senda transitada
siendo que cada paso ya es pasado.

El humano transita rápido su trecho
no se para a leer los fértiles signos
que están escritos en los miliarios
allí los profetas con su voz indican
la única ruta posible para llegar.

No ambiciones riqueza o placeres
que la mente descreída cataloga
no poseemos ni lo uno ni lo otro,
ni codicies vivir de la sangre vertida
por Jesucristo y sus santos mártires
eso será la mayor herejía cometida.

Cumplido un bienio, Porcio Festo sucedió a Félix, y este
queriendo congraciarse con los judíos dejó preso a Pablo.

Pablo apela a César
(Hch 25, 1-12)

Columna granítica pulida por Jesús
sobre la que descansa su edificio
formado con millones de piedras vivas,
entregaste a Dios lo que era de Dios
y al César lo que incumbía al César
sin mostrar grietas o desconchones,
brillante reflejo de la Palabra recibida
defendiste lo que era justo y verdad
ante los inicuos voceros de fraudes.

Podrán los hombres promulgar leyes
que si no contienen justicia auténtica
no perdurarán ni una generación,
se necesitan millones de árboles
para imprimir tanta superficialidad
en la que se empeñan libertadores
que al tiempo engarzan eslabones
no de acero sino de prohibiciones,
como veletas a merced del viento
giraremos conforme a las modas
anclados a un débil centro original
mas si asentimos trocará huracán
y entonces seremos arrebatados.

Hace falta mucha tierra para enterrar la verdad
aun consiguiendo ocultarla en el núcleo terrestre
si Dios así lo quiere; al final resplandecerá.

Entonces Festo, tras deliberar con el consejo, respondió: «Has
apelado al César; irás al César».

Pablo, ante el rey Agripa

(Hch 25, 13-27)

Nosotros también quisiéramos
oír a ese hombre que sin embargo
no es más que vocero del Hombre
mas podremos lograrlo oyéndolo
en el testimonio de Lucas su amigo
que por escrito legó en su libro
puedes hacerlo hoy; no esperes
mañana puede que no llegues.

No hace falta pompa ni boato
para leer las Santas Escrituras
sino corazón abierto al regalo
en ellas no hay oro, mas sí riqueza
no hay héroes, mas sí libertador
no hay honores, mas sí gloria
no hay sirvientes, mas sí servidor
no hay atajos, mas sí esperanza.

Lo conveniente no siempre es justo
y cambia, como cambia el tiempo
sale el sol y después está nublado,
el poder establecido es en demasía
pusilánime para defender verdad
preocupado en contentar modas
atento al poder efímero humano
se limpiará las manos no el alma

«porque me parece fuera de razón enviar a un preso sin
informar de la causa que hay en su contra».

Testimonio de Pablo ante Agripa

(Hch 26, 1-32)

Como en Pablo de Tarso
la locura por Dios subsiste
Santiago viajó hasta Finisterre
Francisco habló con la luna
Felipe alegraría a Roma
hay hermanos en la clausura
sacerdotes que curan almas
limosneros que alimentan
profesores que educan
madres y padres desvelados
que trabajan y protegen;
no, no es locura sino encargo
dulce arrebato del Amor.

Somos indignos de dar testimonio
fuimos perseguidores inflexibles
hasta ser sañudos con tus fieles
sin reparos en contradecirte,
pero tu misericordia es más grande
dándote a conocer y enamorándonos.

Espíritu Santo provee las palabras
que permiten explicar tu Palabra
dar fe de los hechos y su significado
confesar a tiempo y a destiempo
que Jesús es Hijo de Dios y junto al Padre
y a ti, Paráclito: Dios verdadero.

Agripa dijo a Festo: «Este hombre podría haber sido puesto en
libertad si no hubiera apelado al César».

Viaje y testimonio en Roma

(Hch 27, 1-8)

Recorremos los puertos de la vida
dejándonos girones en cada trecho
al tiempo que adquirimos teselas
que irán completando un mosaico
hasta que llega el fin desconocido,
no somos conscientes de la obra
que fue diseñada antes de nacer
ignoramos qué seremos ni cómo
en nuestra soberbia pensamos
ser dueños de nuestra realidad
sin percibir que no somos nada
de verdad, nunca fuimos nada
porque lo que dicen que somos
nos fue reconocido por otros
y dado por quien es Omnisciente.

Para llegar al aspirado destino
hay viento a favor y en contra
que la nave debe afrontar
con sus aparejos y timón firme,
hay tiempo para el suave céfiro
para que sol, luna y estrellas
brillen en el claro firmamento
pero también nubes y tormentas
que harán dudar de si el puerto
es realidad o loca ensoñación,
momentos en que las olas serán
más altas que el palo mayor
donde la proa enfila el infierno
perdida la esperanza del éxito,

sin embargo el mar se calmará
despejará el cielo y seguiremos

después de costearla con dificultad, llegamos a un lugar
llamado Puertos Hermosos, que estaba cerca de la ciudad de
Lasea.

La tempestad
(Hch 27, 9-38)

Confiad, nada es imposible a Dios
ni la muerte a la que Él ya venció.

Confiad, en la santidad de Dios
santifica día y noche con su Nombre.

Confiad, en la eternidad de Dios
la obra de sus manos nunca abandonó.

Confiad, en la omnipotencia de Dios
en seis días creó todo y al séptimo descansó.

Confiad, en la omnisciencia de Dios
sabe qué conviene y por qué lo decidió.

Confiad, en el amor de Dios
en su misericordia infinita que ya probó.

Confiad, en la inmutabilidad de Dios
porque ayer, hoy y mañana, Él es.

Confiad, en la omnipresencia de Dios
está en toda la creación como anunció.

Confiad, en el Vicario de Cristo en la tierra
al que por el Espíritu Santo él mismo eligió.

Pablo a pesar de la terrible tempestad
no perdió a ninguno porque confió.

El total de personas que estábamos en la nave era de doscientas
setenta y seis. Una vez satisfechos, aligeraron la nave arrojando
el trigo al mar.

El naufragio
(Hch 27, 39-44)

Señor, naufragamos en nuestra vida
cada vez que inconscientes te olvidamos
mas por tu mano seguiremos salvos.

Señor, naufragamos en nuestra vida
cuando intentamos negar tu poder
mas por tu mano seguiremos salvos.

Señor, naufragamos en nuestra vida
al oponerte la razón humana
mas por tu mano seguiremos salvos.

Señor, naufragamos en nuestra vida
desoyendo tu ley por el deseo
mas por tu mano seguiremos salvos.

Señor, naufragamos en nuestra vida
siguiendo la senda fácil no la recta
mas por tu mano seguiremos salvos.

Señor, naufragamos en nuestra vida
al silenciar tu Voz oyendo voces
mas por tu mano seguiremos salvos.

Señor, naufragamos en nuestra vida
muchas veces, muchas, en demasía
mas lograremos vivir eternamente
si de verdad enmendamos para siempre
y contritos reconocemos que
por tu mano seguimos salvos

y que los demás lo hiciesen unos sobre tablones, otros sobre
restos de la nave. Y así todos se salvaron llegando a tierra.

En la isla de Malta

(Hch 28, 1-10)

Ponzoñosos colmillos afilados
no hay lengua bífida que oculte
tanto puede alabar que difamar
hipócrita o intencionadamente
también la ignorante ortodoxia
impone sus fotos fijas soñadas
sin ser realidad de su tiempo.

Son tus ojos no sus ojos los que miran
es tu mente no su razón la que juzga
dejemos que sea Dios quien sacuda
los cimientos de nuestra humanidad
intentemos seguirle con el corazón
abramos la puerta para que entre
el aire fresco de la fe que renueva
de nuestro creer a su existencia.

Que el poder divino calle las lenguas
de los que difaman y manipulan
su egoísmo busca cegar no limpiar
discretas sus palabras sirven al mal
con tanta eficacia como su deseo
de satisfacer un apetito impuro.

El poder de Dios cura a los enfermos
sana sangrantes heridas infectadas
aunque se le opongan toda víbora
que el maligno contra los siervos lance
pues él siempre salva a sus discípulos.

Al ocurrir esto, los demás enfermos de la isla fueron acudiendo,
y eran curados. Nos colmaron de atenciones y, al hacernos a la
mar, nos proveyeron de todo lo necesario.

De Malta a Roma
(Hch 28, 11-14)

Permítenos, Señor, navegar tu creación
no nos evites las tormentas que curten
ni los embates del mar de los hombres
que obliguen a atracar en tus puertos,
el viaje comenzó en aguas placentarias
por nosotros no las habríamos dejado
el largo camino se hubiera acabado
antes de haberlo comenzado a transitar,
pero tu voluntad fue que respiráramos
el aire que con tu sabiduría creaste,
al gatear entre los pies de los padres
aprendimos a escuchar y entender
para descubrir que la sabiduría es tuya
que junto a ti estuvo desde el origen
el Espíritu Santo nos permite ver
solo el reflejo de lo que será completo,
creció el cuerpo y sus músculos
descubrimos el deseo de la carne
compartiendo el latido de corazones
seres por tu mandato sexuados,
también nos disciplinamos por amor
uno mucho más grande que el humano
que no defrauda ni es infiel amando
entonces la renuncia no es dolorosa
sino gozosa entrega al que nos creó,
caminaremos con libertad de hijos
eligiendo bien o mal tus sugerencia
una senda que tú conoces omnisciente
cuyo destino no es otro que tu Reino
para los que quieran seguir tu ejemplo.

Allí encontramos a algunos hermanos, los cuales nos rogaron
que pasásemos siete días con ellos.

Testimonio en Roma ante los judíos
(Hch 28, 14-31)

¡Que la niebla de esta locura humana se levante
que la luz de tu Palabra aniquile la oscuridad
en toda la faz de la tierra!

Te construiste un faro sobre granito
que guía a caminantes peregrinos
en su transitar las sendas de la Iglesia,
a él muchos no quisieron creerle
tal y como Isaías había profetizado
pero otros sí lo hicieron y se salvaron
plantando las semillas que millones
han seguido; cada uno a su tiempo.

Sin haber ofendido a Dios ni a hombres
fue maltratado, denunciado y encadenado
arrastrado hasta Roma como predijiste
para que tu Voz y Evangelio se escuchara
actualizando las promesas a los padres
en beneficio de todos, judíos y gentiles
sin excepción de raza, ni credo, ni lugar
con la gratuidad misericordiosa de Dios:
¡sea por siempre bendito y alabado!

Permaneció allí un bienio completo en una casa alquilada,
recibiendo a todos los que acudían a verlo, predicándoles el
reino de Dios y enseñando lo que se refiere al Señor Jesucristo
con toda libertad, sin estorbos.

Señor, te agradezco una vez más
que me permitas terminar el libro
tuyos son el honor y la gloria
sin ti nada es posible, ni es,
sé que no merezco tu perdón
pero me atrevo a solicitártelo
sabiendo de cierto que tu amor
y misericordia no tienen límites
¡seas por siempre bendito y alabado!